施工会计

全流程演练

邵永为　迟杰　编著

中国宇航出版社

· 北京 ·

图书在版编目（CIP）数据

施工会计全流程演练 / 邵永为，迟杰编著. -- 北京
: 中国宇航出版社，2012.7
ISBN 978-7-5159-0257-9

Ⅰ. ①施… Ⅱ. ①邵… ②迟… Ⅲ. ①施工企业-会计报表-编制-图解 Ⅳ. ①F407.967.2-64

中国版本图书馆 CIP 数据核字（2012）第 159989 号

策划编辑 董 琳 **封面设计** 上品设计
责任编辑 董 琳 **责任校对** 陈晓敏

出版发行 **中国宇航出版社**
社 址 北京市阜成路 8 号 邮 编 100830
（010）68768548
网 址 www.caphbook.com
经 销 新华书店
发行部 （010）68371900 （010）88530478（传真）
（010）68768541 （010）68767294（传真）
零售店 读者服务部 北京宇航文苑
（010）68371105 （010）62529336
承 印 三河市君旺印装厂
版 次 2012 年 10 月第 1 版 2012 年 10 月第 1 次印刷
规 格 787×960 开 本 1/16
印 张 13.5 字 数 214 千字
书 号 ISBN 978-7-5159-0257-9
定 价 36.00 元

本书如有印装质量问题，可与发行部联系调换

前 言

PREFACE

随着我国经济的快速发展，现代建筑施工企业已经成为国民经济的重要物质生产部门，与整个国家经济的发展、人民生活的改善有着密切的关系。未来50年，中国城市化率将提高到76%以上，城市对整个国民经济的贡献率将达到95%以上。都市圈、城市群、城市带和中心城市的发展预示了中国城市化进程的高速起飞，也预示了建筑业更广阔的市场即将到来。

面对如此广阔的前景，建筑施工企业应实行集约化经营和精细化管理，致力于提高经济效益，增强发展后劲。企业集约化经营和精细化管理对企业“信息流”的要求越来越高，因而，对作为决策信息重要组成部分的会计信息质量提出了更高要求。这迫切需要施工企业，根据企业会计准则统一会计处理流程，实现会计工作的程序化与规范化，提高会计工作效率，保证会计信息及时、准确、完整，从而保障企业经营目标的实现。

基于此目的，我们在深入研究现代建筑施工企业会计核算特点和现行会计法规制度的基础上，为帮助相关财务会计人员领会施工企业会计的精髓、提高建筑施工企业财务会计的实务操作技能，而编写了《施工会计全流程演练》一书。

本书从实用性和适用性出发，将最新《企业会计准则》对企业会计核算的一般要求和原则规定与施工企业经营活动的特殊性相结合，在阐明相关理论与方法的基础上，辅助大量的实例分析，系统地论述了建筑施工企业经济业务的会计核算理论与方法。本书的重点和亮点如下。

一、依据最新的企业会计准则及相关法规编写

本书以财政部颁布的《企业会计准则》、《企业会计准则指南》、《企业会计准则讲解》为依据，结合施工企业的特点，对施工企业会计的概念、企业会计政策的选择、会计科目的设置与使用、账务处理的基本流程及方法、财务报表的编制与披露等方面进行了详细的论述。

二、结合实例分析来解读会计

本着适用性的原则，根据实践性的要求，本书应用了大量的实例来解读各部分的内容，并附以大量的凭证、合同、协议书等实样单据，帮助读者更直观、更容易地理解和掌握建筑施工企业会计核算的要求。

三、突出施工企业会计核算的特点

建筑施工企业专门从事土木工程、建筑工程、线路管道和设备安装工程及装修工程的新建、扩建、改建和拆除等有关活动，其会计核算具有一定的特殊性，尤其是在收入的确认与成本的核算上。在不违背《企业会计准则》及其应用指南的前提下，本书结合施工企业的特性，介绍了施工企业经济业务全流程中各环节的会计核算内容和方法，将准则的统一性、原则性和施工企业业务的特殊性结合起来，针对性强、指导价值高。

由于水平有限，本书的内容可能不尽完善，错漏之处敬请读者批评指正。我们的电子邮箱是 donglin9999@163.com，欢迎大家与我们联系。

作者

2012 年 9 月

目　录

CONTENTS

第一章　施工企业会计概述

本章导读

会计，是现代企业的一项重要的基础性工作。通过一系列会计程序，提供对决策有用的信息，并积极参与经营管理决策，提高企业经济效益，促使市场经济有序健康地发展，是会计工作的目标。随着经济的发展，行业细分越来越明确，现代企业会计也根据行业的不同呈现出了不同的特点。

施工企业的基本职能是为社会提供建筑产品和安装产品，完成工程建设任务。施工企业的基本经济活动是施工活动。施工企业会计是以施工企业为会计主体的一种行业会计。施工企业会计的主要核算特点包括：分级核算、单独计算每项工程成本、分阶段进行工程成本核算和工程价款核算。

本章的主要内容包括：

1．施工企业概述；

2．施工企业会计科目设置及会计的核算特点。

第一节　施工企业概述

施工企业是指从事建筑工程、设备安装工程以及其他专项工程施工的生产型企业。它通过组织、利用生产资料将劳动对象建造或安装成为特定的工程产品，即通过施工生产活动，把各种建筑材料转变为具有特定用途的各类建筑产品。主要包括各类建筑安装公司、机械化施工公司、基础工程公司、电力建设工程公司、市政工程公司、装修和装饰工程公司等。

施工企业经营管理的特点如图 1－1 所示。

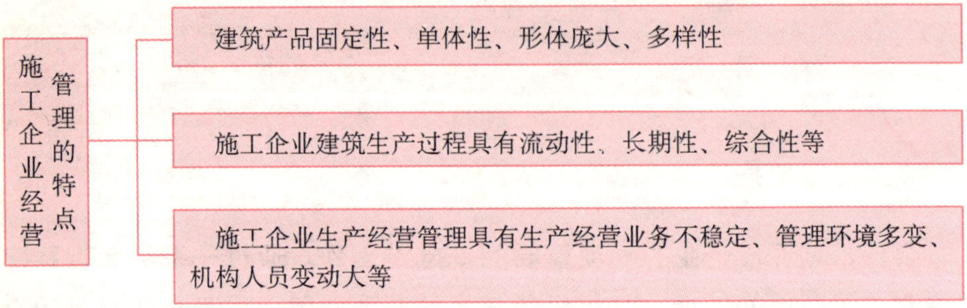

图 1－1　施工企业经营管理的特点

第二节　施工企业会计科目设置及会计的核算特点

一、施工企业会计科目设置

2006 年颁布的中国企业会计准则和相关规范对我国的企业会计工作界定了统一的规范，形成了一套与国际会计准则趋同的会计体系。统一的科目设置和统一的记账方法使得各行各业有了一定的可比标准。但是，具体对于每个行业和每个企业来说，其生产经营特点仍然是会影响会计科目的设置。这里仅就施工企业不同于一般意义上的会计科目作一下简单的总结。

(一)“周转材料”

1. 概念

周转材料是指企业能够多次使用、逐渐转移其价值但仍保持原有形态，不确认为固定资产的材料，主要包括钢模板、木模板、脚手架和其他周转材料。根据新会计准则规定，低值易耗品属于周转材料的范畴。

2. 明细账的设置

在五五摊销法下(一般情况下采用这种方法，但不排除其他方法的使用)，按周转材料的种类，分“在库”、“在用”和“摊销”进行明细核算。例如：

周转材料——钢模板(在库钢模板)

(在用钢模板)

(钢模板摊销)

3. 主要账务处理

企业购入、自制、委托外单位加工完成并已验收入库的周转材料等：

借：周转材料

　　贷：银行存款

(1)采用一次转销法的。

① 领用时应按其账面价值入账。

借：管理费用/生产成本/销售费用/工程施工等

　　贷：周转材料

② 周转材料报废时，应按报废周转材料的残料价值入账。

借：原材料等

　　贷：管理费用/生产成本/销售费用/工程施工等

(2)采用其他摊销法的。

① 领用时应按其账面价值入账。

借：周转材料(在用)

　　贷：周转材料(在库)

② 摊销时应按摊销额入账。

借：管理费用/生产成本/销售费用/工程施工等

　　贷：周转材料(摊销)

③ 周转材料报废时应补提摊销额。

借：管理费用/生产成本/销售费用/工程施工等

　　贷：周转材料(摊销)

同时，按报废周转材料的残料价值，记作：

借：原材料等

贷：管理费用/生产成本/销售费用/工程施工等

④ 对于全部已提摊销额应一并转销。

借：周转材料（摊销）

贷：周转材料（在用）

（二）“固定资产”

1. 核算内容

核算施工企业持有的固定资产原价和临时设施的原价。

2. 明细账的设置

按固定资产类别和项目进行明细核算。

固定资产——房屋建筑物类（办公楼）

（仓库）

（临时设施）

——机械设备类（挖掘机——××型号）

（破碎机——××型号）

3. 主要账务处理

账务处理在固定资产的会计核算操作一章中会有详细介绍。

（三）“工程施工”

1. 核算内容

核算施工企业（建造承包商）实际发生的合同成本和合同毛利。

2. 明细账的设置

按建造合同，分“合同成本”、“间接费用”、“合同毛利”进行明细核算。

工程施工——××建筑工程（合同成本）

（间接费用）

（合同毛利）

3. 主要业务处理

（1）企业进行合同建造时。

① 发生的人工费、材料费、机械使用费以及施工现场材料的二次搬运费、生产工具和用具使用费、检验试验费、临时设施折旧费等其他直接

费用。

借：工程施工(合同成本)

　　贷：应付职工薪酬/原材料等

② 发生的施工、生产单位管理人员职工薪酬、固定资产折旧费、财产保险费、工程保修费、排污费等间接费用。

借：工程施工(间接费用)

　　贷：累计折旧/银行存款等

③ 期(月)末，将间接费用分配计入有关合同成本。

借：工程施工(合同成本)

　　贷：工程施工(间接费用)

(2)确认合同收入、合同费用时，借记“主营业务成本”账户，贷记“主营业务收入”账户，按其差额，借记或贷记本账户(合同毛利)。

(3)合同完工时，应将本账户余额与相关工程施工合同的“工程结算”账户对冲。

借：工程结算

　　贷：工程施工

(4)本账户期末借方余额，反映企业尚未完工的建造合同成本和合同毛利。

(四)“工程结算”

1. 核算内容

核算施工企业根据建造合同约定向业主办理结算的累计金额。

2. 明细账的设置

按建造合同进行明细核算。

工程结算——××工程

3. 主要业务处理

(1)企业向业主办理工程价款结算，按应结算的金额借记“应收账款”等账户，贷记本账户。

(2)合同完工时，应将本账户余额与相关工程施工合同的“工程施工”账户对冲，借记本账户，贷记“工程施工”账户。

(五)“机械作业”

1. 核算内容

核算施工企业及其内部独立核算的施工单位、机械站和运输队使用自有施工机械和运输设备进行机械作业(包括机械化施工和运输作业等)所发生的各项费用。

企业及其内部独立核算的施工单位，从外单位或本企业其他内部独立核算的机械站租入施工机械发生的机械租赁费，在“工程施工”账户核算。

施工企业内部独立核算的机械施工、运输单位使用自有施工机械或运输设备进行机械作业所发生的各项费用，可按成本核算对象和成本项目进行归集。

提示： 成本项目一般分为：人工费、燃料及动力费、折旧及修理费、其他直接费用、间接费用(为组织和管理机械作业生产所发生的费用)等。

2. 明细账的设置

按施工机械或运输设备的种类等进行明细核算。

机械作业——挖掘机(人工费)

(燃料及动力费)

(折旧及修理费)

(其他直接费用)

(间接费用)

3. 主要账务处理

(1)企业发生的机械作业支出。

借：机械作业

　　贷：原材料/应付职工薪酬/累计折旧等

(2)期(月)末，企业及其内部独立核算的施工单位、机械站和运输队为本单位承包的工程进行机械化施工和运输作业的成本，应转入承包工程的成本。

借：工程施工

　　贷：机械作业

对外单位、专项工程等提供机械作业(包括运输设备)的成本。

借：劳务成本

贷：机械作业

二、施工企业会计的核算特点

施工企业会计是以货币为主要计量单位，按照现行会计法规体系要求，运用一套专门核算方法，对施工企业的经济活动进行连续、系统、全面的核算和监督，真实、准确、及时地提供会计信息。它是加强施工企业管理，提高经济效益的经济管理活动。施工企业通过会计计量、计算和登记，能及时地取得生产经营管理所必须的各种信息和数据，这对施工企业的管理具有重要意义。

施工企业会计的核算特点如图 1－2 所示。

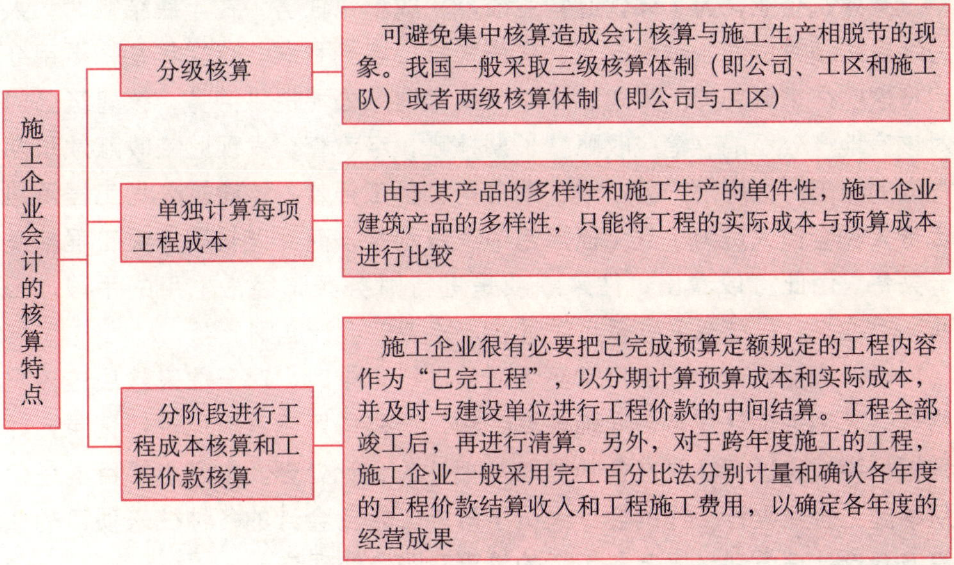

图 1－2 施工企业会计的核算特点

第二章　应收应付款项的会计核算

本章导读

某建筑企业，为了体现经营业绩，完成承包任务，在年底结账时，人为地虚构销售合同、虚增收入、挂往来账、虚列利润。待次年初，再用红字将这些往来账冲掉。某建筑公司为某房地产公司提供劳务，该建筑公司对该房地产公司的一笔应收账款长期挂账，经审查，发现此应收账款长期挂账的原因为该房地产公司预长期占用应付工程款，该建筑公司工程承包负责人和会计人员为了从工程承包中谋取利益，而共谋长期拖欠工程款及运杂费。由此可以看出，往来款项是进行财务舞弊经常采用的手段，因此，对往来款项核算必须重点关注，严格遵守会计准则。

会计人员在对企业的日常经济活动进行记录时，对于往来款项应该严格遵守其相关确认规定，准确核算金额，严格按照确认时点进行记录，并根据相关规定进行坏账准备的提取及相关的会计处理。本章主要目的是使从事施工企业会计工作的会计人员了解施工企业会计的各种往来项目的核算及会计处理方法，以及备用金的核算及账务处理等。

本章的主要内容包括：

1. 外部往来款项的核算操作；
2. 备用金的核算操作。

第一节　外部往来款项的会计核算

一、应收和应付账款的核算

(一)应收账款的概念

应收账款的含义及特征见表2-1。

表2-1　应收账款概述

应收账款的含义	应收账款是指企业因销售商品、提供劳务等经营活动而向购货单位或接受劳务单位收取的款项，主要包括企业销售商品或提供劳务等应向有关债务人收取的价款及代购货单位垫付的包装费、运杂费等
应收账款的特征	应收账款是企业因销售商品、提供劳务等经营活动所形成的债权
	应收账款是指流动资产性质的债权
	应收账款是企业应收客户的款项，包括代垫的运杂费，不包括企业付出的各类存出保证金，如投标保证金和租入包装物保证金

(二)应收账款的计价

应收账款通常应按实际发生额计价入账。计价时还需要考虑商业折扣和现金折扣等因素。应收账款计价应考虑的因素见表2-2。

表2-2　应收账款计价应考虑的因素

应收账款计价考虑因素	含义	处理方法
商业折扣	企业根据市场供需情况，或针对不同的顾客，在商品标价上给予的扣除，是为鼓励客户购买本企业的产品而给予客户的价格优惠	企业应收账款入账金额应按扣除商业折扣以后的实际售价确认，是企业最常用的促销手段

（续表）

应收账款计价考虑因素	含义	处理方法
现金折扣	债权人为鼓励债务人在规定的期限内付款，而向债务人提供的债务扣除	现金折扣一般用符号“折扣/付款期限”表示。例如买方在10天内付款可按售价给予2%的折扣，用符号“2/10”表示；在30天内付款，则不给折扣，用符号“n/30”表示。 在存在现金折扣的情况下，应收账款应以未减去现金折扣的金额作为入账价值。实际发生的现金折扣，作为一种理财费用，计入发生当期的损益

(三)应收账款的会计核算

为了反映应收账款的增减变动及其结存情况，企业应设置“应收账款”科目，不单独设置“预收账款”科目的企业，预收的账款也在“应收账款”科目核算。“应收账款”科目的借方登记应收账款的增加，贷方登记应收账款的收回及确认的坏账损失。特别需要说明的是，企业代购货单位垫付包装费、运杂费也应计入应收账款，通过“应收账款”科目核算。

期末“应收账款”科目的余额一般在借方，反映企业当时尚未收回的应收账款；如果期末余额在贷方，则反映企业预收的账款。

(1)企业发生的应收账款，在没有商业折扣的情况下，按应收的全部金额入账。

【例2－1】 立兴建材公司向某企业销售了一批水泥，货款为50 000元，销项税额为8 500元，代垫运费2 000元，已办妥银行收款手续。

① 销售实现时。

借：应收账款　　60 500

　贷：主营业务收入　　50 000

　　应交税费——应交增值税(销项税额)　　8 500

　　银行存款　　2 000

② 收到货款时。

借：银行存款　　60 500

　　贷：应收账款　　60 500

（2）企业发生的应收账款，在有商业折扣的情况下，应按扣除商业折扣后的余额入账。

【例2－2】 立兴建材公司对外销售了一批塑料管线，按价目表标明的价格计算，金额为20 000元，由于是成批销售，销货方给购货方10%的商业折扣，金额为2 000元，销货方应收账款的入账金额为18 000元，适用增值税率为17%。销售额和折扣额在同一专用发票上注明。

① 销售实现时，应进行如下的账务处理。

借：应收账款　　21 060

　　贷：主营业务收入　　18 000

　　　　应交税费——应交增值税（销项税额）　　3 060

② 收到货款时，应进行如下的账务处理。

借：银行存款　　21 060

　　贷：应收账款　　21 060

（3）企业发生的应收账款在有现金折扣的情况下，采用总价法入账，发生的现金折扣作为财务费用处理。

【例2－3】 立兴建材公司销售墙面漆一批，货款合计10 000元，规定的现金折扣条件为“2/10，n/30”，适用的增值税为17%，产品交付并办妥托收手续。

① 销售实现时。

借：应收账款　　11 700

　　贷：主营业务收入　　10 000

　　　　应交税费——应交增值税（销项税额）　　1 700

② 收到货款时，根据购货企业是否得到现金折扣的情况入账。如果上述货款在10天内收到：

借：银行存款　　　　11 466
　　财务费用　　　　234
　　贷：应收账款　　　　11 700

③ 如果超过了现金折扣的最后期限：

借：银行存款　　　　11 700
　　贷：应收账款　　　　11 700

（四）应付账款的概念

应付账款是指企业在经营过程中因购买商品、材料、物资或接受劳务而发生的待清偿的债务。

"应付账款"科目是用来总括反映企业应付账款的发生、偿还和结欠情况的科目，该科目的贷方登记发生的应付账款，借方登记偿还的应付账款、以商业汇票抵付的应付账款以及冲销无法支付的应付账款，贷方余额表示尚未偿还的应付账款。

"应付账款"科目在设立二级科目时，一般应按照债权单位进行明细核算。

（五）应付账款的账务处理

应付账款的账务处理见表2－3。

表2－3　应付账款的账务处理

应付账款的业务	相关的会计核算
企业购入材料、物资等已验收入库，但货款尚未支付	根据有关结算凭证，借记"原材料"和"应交税费"等科目，贷记"应付账款"科目
对于材料等已验收入库、结算凭证未到、货款尚未支付的业务	因结算凭证一般在短时间内即可到达，为了简化核算，可以暂不做会计分录，待收到结算凭证后，再按正常手续进行账务处理。但是，每月月末，对于那些结算凭证尚未到达的入库材料，则应按材料的暂估价格（合同价格或计划单位成本）计价入库，借记"原材料"等科目，贷记"应付账款"科目。这笔分录，在下月月初时应用红字冲回，以便下月结算凭证到达时，按正常程序进行核算

（续表）

应付账款的业务	相关的会计核算
接受供应单位提供劳务而发生的应付未付款项	据供应单位的发票账单，借记有关的成本费用科目和“应交税费”科目，贷记“应付账款”科目
偿付应付账款	借记“应付账款”科目，贷记“银行存款”等科目
企业开出、承兑商业汇票抵付应付账款	借记“应付账款”科目，贷记“应付票据”科目

对于一些预付账款业务不多的企业，可以不单独设置“预付账款”科目。预付账款可以通过“应付账款”科目进行核算，即用“应付账款”科目同时核算企业应付账款和预付账款的增减变动和结果。在这种情况下，期末应根据“应付账款”科目所属各明细科目的余额的方向来分析判断其是预付账款还是应付账款。若该明细科目为借方余额，为预付账款；若该明细科目为贷方余额，则为应付账款。

【例 2－4】 立兴建筑工程公司 5 月 30 日从某厂购进原材料一批，增值税发票记载的货款金额为 10 000 元，增值税进项税额为 1 700 元，已验收入库，款项尚未支付。7 月 10 日，立兴建筑工程公司开出 11 700 元的转账支票一张，支付此笔购料款。请编制以上业务的会计分录。

① 购买材料时。

借：原材料　　10 000

　　应交税费——应交增值税(进项税额)　　1 700

　　贷：应付账款　　11 700

② 支付购料款时。

借：应付账款　　11 700

　　贷：银行存款　　11 700

【例 2－5】 环雅公司 6 月 28 日收到供货单位运来的新型材料 10 吨，发票和商品结算清单尚未到达，原材料已验收入库。6 月 30 日时，发票账单仍未到，按每吨 3 000 元的暂估价入账，请编制以上业务的会计分录。

① 6 月 30 日。

借：原材料　　30 000

　　贷：应付账款　　30 000

② 以上分录 7 月 1 日以红字冲回，其会计分录如下。

借：原材料　　30 000

　　贷：应付账款　　30 000

二、应收和应付票据的核算

（一）应收票据的概念

应收票据是指企业因销售商品、提供劳务等而收到的商业汇票。商业汇票的相关内容见表 2－4。

表 2－4　商业汇票

<table>
<tr><td>含义</td><td colspan="2">出票人签发的，委托付款人在见票时或者在指定日期，无条件支付确定的金额给收款人或者持票人的票据</td></tr>
<tr><td rowspan="3">汇票关系中的三个基本当事人</td><td colspan="2">出票人：签发商业汇票，委托付款人进行付款行为的人</td></tr>
<tr><td colspan="2">付款人：商业汇票上载明的、受托承担付款义务的人，在付款人进行承兑后，则成为承兑人</td></tr>
<tr><td colspan="2">收款人：汇票上载明的、有权持有汇票并接受付款的人，而从收款人处依法受让汇票并取得付款的人，则为持票人，通常，汇票上所载收款人也就是第一持票人</td></tr>
<tr><td rowspan="5">付款期限</td><td rowspan="5">最长不得超过6个月</td><td>定日付款的汇票：自出票日起计算，并在汇票上记载具体到期日</td></tr>
<tr><td>出票后定期付款的汇票：自出票日起按月计算，并在汇票上记载</td></tr>
<tr><td>见票后定期付款的汇票：自承兑或拒绝承兑日起按月计算，并在汇票上记载</td></tr>
<tr><td>商业汇票的提示付款期限为自汇票到期日起 10 日内</td></tr>
<tr><td>符合条件的商业汇票的持票人，可以持未到期的商业汇票连同贴现凭证向银行申请贴现</td></tr>
</table>

（续表）

分类	商业承兑汇票	由收款人签发，经付款人承兑，或由付款人签发并承兑的票据
	银行承兑汇票	由收款人或承兑申请人签发，并由承兑申请人向开户银行申请，经银行审查同意承兑的票据

商业承兑汇票的付款人收到开户银行的付款通知，应在当日通知银行付款。付款人在接到通知日的次日起三日内（遇法定休假日顺延）未通知银行付款的，视同付款人承诺付款，银行将于付款人接到通知日的次日起第四日（遇法定休假日顺延）上午开始营业时，将票款划给持票人。付款人提前收到由其承兑的商业汇票，应通知银行于汇票到期日付款。银行在办理划款时，付款人存款账户不足支付的，银行应填制付款人未付票款通知书，连同商业承兑汇票邮寄持票人开户银行转交持票人。

银行承兑汇票是指由在承兑银行开立存款账户的存款人（这里也是出票人）签发，由承兑银行承兑的票据。企业申请使用银行承兑汇票时，应向其承兑银行按票面金额的万分之五交纳手续费。银行承兑汇票的出票人应于汇票到期前将票款足额交存其开户银行，承兑银行应在汇票到期日或到期日后的见票当日支付票款。银行承兑汇票的出票人于汇票到期前未能足额交存票款时，承兑银行除凭票向持票人无条件付款外，对出票人尚未支付的汇票金额按照每天万分之五计收利息。

（二）应收票据的核算

"应收票据"科目的相关内容见表2－5。

表2－5 "应收票据"科目

科目	设置目的	借贷方含义	备注
应收票据	反映和监督应收票据的取得、票款的收回等经济业务	借方登记取得的应收票据的面值，贷方登记到期收回票款或到期前向银行贴现的应收票据的票面余额，期末余额在借方，反映企业持有的商业汇票的票面金额	本科目可按照开出、承兑商业汇票的单位进行明细核算，并设置"应收票据备查簿"，逐笔登记商业汇票的种类、号数和出票日、退票情况等资料。商业汇票到期结清票款或退票后，在备查簿中应予注销

1. 取得应收票据的会计核算

根据应收票据取得的原因不同，其会计处理也是有所区别的。企业因销售商品、提供劳务等而收到开出、承兑的商业汇票，按商业汇票的票面金额，借记本科目，按确认的营业收入，贷记“主营业务收入”等科目。涉及增值税销项税额的，还应进行相应的处理。

【例2-6】 立兴建筑工程公司2011年5月1日为A公司运输了一批原材料，运费金额为100 000元。当货物运输结束后，A公司送来一张期限为3个月的商业承兑汇票，面值为100 000元，抵付原材料运费。则立兴建筑工程公司应进行如下的会计处理。

借：应收票据	100 000	
贷：主营业务收入		100 000

2. 转让应收票据的核算

在会计实务中，企业可以将自己持有的商业汇票背书转让。背书是指在票据背面或者粘单上记载有关事项并签章的票据行为。背书转让的，背书人应当承担票据责任。企业将持有的商业汇票背书转让以取得所需物资时，按应计入取得物资成本的金额，借记“材料采购”或“原材料”、“库存商品”等科目，按专用发票上注明的可抵扣的增值税额，借记“应交税费——应交增值税(进项税额)”科目，按商业汇票的票面金额，贷记“应收票据”科目，如有差额，借记或贷记“银行存款”等科目。

【例2-7】 立兴建筑工程公司于2011年5月10日购买了一批营运车辆专用轮胎，由于资金短缺，将5月1日收到的一张期限为3个月，面额为117 000元的商业汇票背书转让，购入的物资货款金额为100 000元，适用增值税税率为17%。应作如下会计处理。

借：原材料——轮胎	100 000	
应交税费——应交增值税(进项税额)	17 000	
贷：应收票据		117 000

3. 应收票据贴现的会计核算

票据贴现的含义及其必备条件见表2-6。

表 2-6　票据贴现的含义及其必备条件

票据贴现的含义	持票人向银行办理贴现的必备条件
企业以未到期票据向银行融通资金，银行按票据的应收金额扣除一定期间的利息后的余额付给企业的融资行为	在银行开立存款账户的企业法人以及其他组织
	与出票人或者直接前手之间具有真实的商品交易关系
	提供与其前手之间的增值税发票和商品发运单据复印件

(1)应收票据贴现额的计算。

贴现息＝票据到期值×贴现率×贴现期

贴现额＝票据到期值－贴现息

公式中，贴现利率由银行统一制定。贴现期按银行规定计算，通常是指从贴现日至票据到期日前1日的时期。

票据有带息与不带息之分，其到期值的计算及账务处理也有所不同。不带息票据到期值即票据面值，带息票据到期值等于票据面值与票据利息之和，其中票据到期利息按下列公式计算：

票据到期利息＝应收票据面值×票面利率×时间

以上公式中，票面利率有年、月、日利率之分。如需换算成月利率或日利率，每月统一按30天计算，全年按360天计算。三者之间的关系是：

月利率＝年利率÷12

日利率＝月利率÷30或年利率÷360

时间是指从票据生效之日起到票据到期之日止的时间间隔。

(2)应收票据贴现的账务处理。

企业持未到期的商业汇票向银行贴现，应按实际收到的金额(即减去贴现息后的净额)，借记“银行存款”等科目，按贴现息部分，借记“财务费用”等科目，按商业汇票的票面金额，贷记“应收票据”科目或“短期借款”科目。

【例2-8】 2009年9月20日，立兴建筑工程公司持所收取的出票日期为7月22日、期限为6个月、面值为110 000元的不带息商业承兑汇票一张到银行贴现，假设银行同意对该票据进行贴现，银行年贴现率为12%。请对以上的经济业务编制会计分录。

①该应收票据到期日为2010年1月22日，其贴现日是2009年9月20日至2010年1月22日，其贴现天数为124天。

贴现天数 = 11 + 31 + 30 + 31 + 22 - 1 = 124(天)；

贴现息 = 110 000 × 12% × 124 ÷ 360 = 4 546.67(元)；

贴现净额 = 110 000 - 4 546.67 = 105 453.33(元)；

有关会计分录如下。

借：银行存款　　105 453.33

　　财务费用　　4 546.67

　　贷：应收票据　　110 000

②如果贴现的商业汇票到期后，承兑人的银行账户不足支付，银行将已贴现的票据退回申请贴现的企业，同时从贴现企业的账户中将票据款划回，贴现企业应做如下的账务处理。

借：应收账款　　110 000

　　贷：银行存款　　110 000

③如果申请贴现企业的银行存款账户余额不足，银行将应收的款项作为申请贴现企业的逾期贷款处理，贴现企业做如下的账务处理。

借：应收账款　　110 000

　　贷：短期借款　　110 000

4. 收回到期应收票据的会计核算

商业汇票到期之后，应及时要求对方付款，按实际收到的金额，借记“银行存款”科目，按商业汇票的票面金额，贷记“应收票据”科目。

【例2-9】 2011年4月1日，立兴建筑工程公司持有的一张期限为3个月，票面金额为117 000元的商业汇票已到期，该公司将上述应收票据收回，票面金额117 000元存入银行。立兴建筑工程公司应进行如下的会计处理。

借：银行存款　　117 000

　　贷：应收票据　　117 000

（三）应付票据的概念

应付票据是指企业根据合同进行延期付款交易采用商业汇票结算时，所签发、承兑的商业汇票。“应付票据”科目反映和监督企业应付票据的发生、偿付等情况。该科目的贷方登记已承兑的商业汇票的面额，借方登记已到期付款的商业汇票的面额、转作应付账款或作借款处理的商业汇票的面额。

（四）应付票据的账务处理

应付票据的账务处理见表2－7。

表2－7　应付票据的账务处理

应付票据的业务	相关的账务处理
开出承兑商业汇票或以承兑汇票抵付货款	借记“原材料”、“应付账款”、“应交税费”等科目，贷记“应付票据”科目
开出银行承兑汇票，在支付银行承兑手续费时	借记“财务费用”科目，贷记“银行存款”科目
汇票到期付款	借记“应付票据”科目，贷记“银行存款”科目 如为带息票据，则应借记“应付票据”、“财务费用”等科目，贷记“银行存款”科目
票据到期无力偿付	若为商业承兑汇票，则将应付票据转为应付账款，借记“应付票据”科目，贷记“应付账款”科目
	若为银行承兑汇票，则银行先代为付款，企业将不足部分转为短期借款，借记“应付票据”科目，贷记“银行存款”、“短期借款”等科目
归还银行短期借款	借记“短期借款”科目，贷记“银行存款”科目

为了加强对应付票据的管理，企业应当设置“应付票据备查簿”，详细登记每一应付票据的种类、号数、签发日期、到期日、票面金额、票面利率、合同交易号、收款人姓名或单位名称，以及付款日期和金额等资料。

应付票据到期结清时，应当在备查簿内逐笔注销。

【例2-10】 立兴建筑工程公司出具一张期限为90天、票面金额为35 100元的不带息商业承兑汇票，向某供应单位购进原材料一批，其增值税发票上记载的货款金额为30 000元，增值税额为5 100元。请对以上的业务编制会计分录。

① 购进原材料时。

借：原材料	30 000	
应交税费——应交增值税(进项税额)	5 100	
贷：应付票据		35 100

② 票据到期，接到银行支付汇票款项的通知时。

借：应付票据	35 100	
贷：银行存款		35 100

三、坏账准备

说到应收账款，不得不提到它的一个重要的备抵账户：坏账准备。企业应当在资产负债表日对应收款项的账面价值进行检查，有客观证据表明该应收款项发生减值的，应当将该应收款项的账面价值减记至预计未来现金流量现值，减记的金额确认为减值损失，计提坏账准备。

企业进行坏账核算时，首先应按期估计坏账损失。估计坏账损失的方法有应收款项余额百分比法、账龄分析法和销货百分比法等。

(一)应收款项余额百分比法

应收款项余额百分比法，是根据会计期末应收款项的余额和估计的坏账率，估计坏账损失，计提坏账准备的方法。按此计算的数额为下年度应保留的坏账准备金额，因此，实际提取数并不一定等于计算出的应提数，提取时需考虑提取前该账户的余额，但年末提取后该账户余额一定在贷方，即计算出的应保留坏账准备金额。坏账准备借贷方余额意义见表2-8。

表 2－8 坏账准备的余额意义

余额所在	意义
借方余额	原先提取的坏账准备金没能足额冲销已发生的坏账，需在提取时补提，实际提取数等于应提取数加上借方余额数
贷方余额	原贷方余额大于应提数，表示原坏账准备金过多，应冲销多余数
	原贷方余额小于应提数，则应补提不足部分

【例 2－11】 立兴建筑工程公司从 2008 年开始计提坏账准备。2008 年末应收账款余额为 1 200 000 元，该企业坏账准备的提取比例为 5‰。则计提的坏账准备为：

① 坏账准备提取额＝1 200 000×5‰＝6 000（元）。

借：管理费用　　6 000

　　贷：坏账准备　　6 000

② 2009 年 11 月，企业发现有 1 600 元的应收账款无法收回，按有关规定确认为坏账损失。

借：坏账准备　　1 600

　　贷：应收账款　　1 600

③ 2009 年 12 月 31 日，该企业应收账款余额为 1 440 000 元。按本年年末应收账款余额应保持的坏账准备金额（即坏账准备的余额）＝1 440 000×5‰＝7 200（元）。

年末计提坏账准备前，“坏账准备”科目的贷方余额＝6 000－1 600＝4 400（元）。

本年度应补提的坏账准备金额＝7 200－4 400＝2 800（元）。

有关账务处理如下。

借：管理费用　　2 800

　　贷：坏账准备　　2 800

④ 2010 年 5 月 20 日，接银行通知，企业上年度已冲销的 1600 元坏账又收回，款项已存入银行。有关账务处理如下。

借：应收账款　　1 600

　　贷：坏账准备　　1 600

借：银行存款　　1 600

　贷：应收账款　　1 600

⑤ 2010 年 12 月 31 日，企业应收账款余额为 1 000 000 元。

本年末应保留的坏账准备余额 = 1 000 000 × 5‰ = 5 000(元)。

至年末，计提坏账准备前的“坏账准备”科目的贷方余额 = 7 200 + 1 600 = 8 800(元)。

本年度应冲销多提的坏账准备金额 = 8 800 − 5 000 = 3 800(元)。

有关账务处理如下。

借：坏账准备　　3 800

　贷：管理费用　　3 800

(二)账龄分析法

账龄分析法，是根据应收款项账龄的长短来估计坏账的方法。账龄指的是顾客所欠账款的时间。采用这种方法，企业利用账龄分析表所提供的信息，确定坏账准备金额。确定的方法按各类账龄分别估计其可能成为坏账的部分。

【例 2－12】 立兴建筑工程公司 2010 年 12 月 31 日应收账款账龄及估计坏账损失如表 2－9 所示，该企业 2010 年 12 月 31 日估计的坏账损失为 2 400 元，所以，“坏账准备”科目的账面余额应为 2 400 元。

① 假设在估计坏账损失前，“坏账准备”科目有贷方余额 1 000 元，则该企业还应计提 1 400 元(2 400 − 1 000)。有关账务处理如下。

借：管理费用　　1 400

　贷：坏账准备　　1 400

② 假设在估计坏账损失前，“坏账准备”科目有贷方余额 2 600 元，则该企业应冲减 200 元(2 600 − 2 400)。有关账务处理如下。

借：坏账准备　　200

　贷：管理费用　　200

表 2-9　账龄分析表

应收账款账龄	应收账款金额	估计损失率(%)	估计损失金额
未到期	60 000	0.5	300
过期 1 个月	40 000	1	400
过期 2 个月	30 000	2	600
过期 3 个月	20 000	3	600
过期 3 个月以上	10 000	5	500
合计	160 000		2 400

(三)销货百分比法

销货百分比法，是以赊销金额的一定百分比作为估计坏账的方法。企业可以根据过去的经验和有关资料，估计坏账损失与赊销金额之间的比率，也可用其他更合理的方法进行估计。

(四)坏账准备的相关内容及账务处理

应收账款减值时应该提取坏账准备，“坏账准备”科目设置的目的和借贷方意义见表 2-10。

表 2-10　坏账准备

坏账准备	内容
设置目的	核算应收款项的坏账准备计提、转销等情况
	贷方登记当期计提的坏账准备金额，借方登记实际发生的坏账损失金额和冲减的坏账准备金额，期末余额一般在贷方，反映企业已计提但尚未转销的坏账准备

坏账准备可按以下公式计算：

当期应计提的坏账准备 = 当期按应收款项余额计提的坏账准备金额 + “坏账准备”借方余额 -“坏账准备”贷方余额

坏账准备的相关账务处理见表 2-11。

表 2－11　坏账准备的相关会计处理

情形	会计处理
计提坏账准备	借记“资产减值损失——计提的坏账准备”科目，贷记“坏账准备”科目
冲减多计提的坏账准备	借记“坏账准备”科目，贷记“资产减值损失——计提的坏账准备”科目
发生坏账损失	借记“坏账准备”科目，贷记“应收账款”、“其他应收款”等科目
已确认并转销的应收款项以后又收回	借记“应收账款”、“其他应收款”等科目，贷记“坏账准备”科目；同时，借记“银行存款”科目，贷记“应收账款”、“其他应收款”等科目

【例 2－13】 2009 年 12 月 31 日，立兴建筑工程公司对应收 A 公司的账款进行减值测试。应收账款余额合计为 1 000 000 元，立兴建筑工程公司根据 A 公司的资信情况确定按 10% 计提坏账准备。2009 年末计提坏账准备的会计分录为。

借：资产减值损失——计提的坏账准备　　100 000

　　贷：坏账准备　　100 000

① 立兴建筑工程公司 2010 年对 A 公司的应收账款实际发生坏账损失 30 000 元。确认坏账损失时，应作如下会计处理。

借：坏账准　　30 000

　　贷：应收账款　　30 000

② 立兴建筑工程公司 2010 年本应收 A 公司的账款余额为 1 200 000 元，经减值测试，立兴建筑工程公司决定仍按 10% 计提坏账准备。

根据立兴建筑工程公司坏账核算方法，其“坏账准备”科目应保持的贷方余额为 120 000 元（1 200 000 × 10%）；计提坏账准备前，“坏账准备”科目的实际余额为贷方 70 000 元（100 000 – 30 000），因此本年末应计提的坏账准备金额为 50 000 元（120 000 － 70 000）。立兴建筑工程公司应作如下会计处理。

借：资产减值损失——计提的坏账准备　　50 000

　　贷：坏账准备　　50 000

③ 立兴建筑工程公司2011年4月20日收到2010年已转销的坏账20 000元，已存入银行。立兴建筑工程公司应作如下会计处理

借：应收账款 20 000

　　贷：坏账准备 20 000

借：银行存款 20 000

　　贷：应收账款 20 000

第二节 备用金的会计核算

一、备用金的概念

备用金是指企业预付给职工和内部有关单位用作差旅费、零星采购和日常零星开支事后需要报销的款项。为了防止浪费和挪用公款，必须建立备用金的预借、使用和报销制度，并严格加以执行。如果企业备用金业务很少，可不设立“备用金”科目，通过“其他应收款——备用金”科目进行核算，账务处理方法与上面一致。不同形式备用金的具体规定见表2－12，其账务处理的具体方法见表2－13。

表2－12 备用金的具体规定

备用金的形式	含义及特点	相关内容
定额备用金	为了满足企业有关部门日常零星开支需要的备用金，一经核定不得随意增减。 特点：一次领用、定期报销、简化核算、补足定额	领用部门，应设置“备用金登记簿”，逐笔序时登记提取和支出情况，并按时将款项支出的单据送交财会部门报销后，财会部门再给予补足定额
非定额备用金	用款单位根据实际需要向财会部门借款，凭各种支付凭证向财会部门报销时，作为冲减备用金处理，如需再用，重新办理借款手续	适用于预借差旅费等备用金的管理

二、备用金的账务处理

表 2-13　备用金的账务处理

分类	会计分录
单独设置“备用金”科目的企业，由企业财务部门单独拨给企业内部各单位周转使用的备用金	借：备用金 　　贷：库存现金或银行存款
自备用金中支付零星支出	借：管理费用等 　　贷：备用金或银行存款

注：除了增加或减少拨入的备用金外，使用或报销有关备用金支出时不再通过“备用金”科目核算。

【例 2-14】 立兴建筑工程公司职工张强出差采购物品，预支备用金600元，出差返回报销差旅费580元，并交回多余现金20元。

① 领出备用金时，根据付款凭证，作会计分录如下：

借：其他应收款——备用金(张强)　　600

　　贷：库存现金　　600

② 报销差旅费时，根据差旅费报销单，作会计分录如下：

借：管理费用　　580

　　库存现金　　20

　　贷：其他应收款——备用金　　600

第三章　材料物资的会计核算

本章导读

材料物资是施工企业的基础，是工程成本的重要组成部分，材料物资核算对施工企业而言十分重要。材料物资可以分为原材料、周转材料以及委托加工材料等。不同的材料，其核算方法也不同：库存原材料的核算方法有实际成本法和计划成本法。规模较小、存货品种简单、采购业务不多的企业，较多地采用实际成本法；而对于材料收发业务较多且计划成本资料较为健全、准确的企业，一般可以采用计划成本进行材料收发的核算。周转材料作为施工过程中能多次反复周转使用，并基本保持其物质形态或经过整理便可以保持或恢复实物形态的材料，根据其具体情况采用一次转销、分期摊销、分次摊销或者定额摊销的方法。

本章除涉及材料分类及其不同的处理方法外，还介绍了材料物资的具体核算方式、材料物资的盘存方法、材料盘盈盘亏的账务处理，以及存货跌价确认、核算及转回等相关内容。学习本章内容，要对核算方法逐条细致地研究，了解不同核算方法的应用条件及具体的核算方式及账务处理。

本章的主要内容包括：

1．材料物资的概念及计价；

2．库存材料的会计核算；

3．周转材料的核算操作；

4．材料物资的清查；

5．存货跌价准备。

第一节　材料物资的概念及计价

一、材料物资的概念及分类

材料物资一般是指构筑建筑物实体，以及在建造过程中使用的各种物料。材料物资既是构筑建筑物的物质实体，同时也是形成建筑物成本的主要部分。材料物资种类繁多，各个企业根据需要，分类方法也各不相同，具体的分类如下：

(一)原材料

原材料一般是指物资实体一次性转移到建筑物中去的各种材料。包括主要材料、结构件和其他材料等。

(1)主要材料是指用于工程施工并构成工程实体的各种材料，如硅酸盐材料(如水泥、砂石、砖瓦等)、金属材料(各种钢材、有色金属材料)、装饰装修材料(瓷砖、玻璃、石材等)、小五金材料、电器材料、化工原料(如涂料、油漆等)。

(2)结构件是指已经事先加工成型，经过吊装、拼砌或安装后能构成房屋建筑物实体的各种钢筋混凝土的、金属的、塑料的构件。如各种钢筋混凝土预制件等。

(3)其他材料，一般是指不构成工程实体，但是可以保障施工正常进行的各种材料。如燃料、催化剂、各种施工机械配件等。

(二)周转材料

周转材料指企业在施工生产过程中能够多次使用，并基本保持原有的物质形态，但价值逐渐转移的各种材料。如模板、挡板、架料等。

其中，低值易耗品是指使用期限较短、单位价值较低，不作为固定资产核算的各种用具物品。如铁锹、铁镐、手推车等生产工具；工作鞋、工作帽、安全带等劳保用品；办公桌椅等管理用品。

（三）委托加工材料

委托加工材料是指委托第三方加工的，处于加工过程中，尚未交付的各种材料、构件等。

二、材料物资的计价

（一）取得存货的计价

存货应当按照成本进行初始计量。存货成本包括采购成本、加工成本和其他成本。

1. 外购的存货

企业通过购买而获得的各种存货，包括原材料、库存商品、低值易耗品等，以这种方式取得的存货的初始成本主要由采购成本构成。外购存货的采购成本构成见表 3－1。

表 3－1　存货的采购成本

存货的采购成本	包含的内容
购买价款	企业购入材料或商品的发票账单上列明的价款，但不包括按规定可以抵扣的增值税税额
相关税费	企业购买、自制或委托加工存货所发生的消费税、资源税和不能从增值税销项税额中抵扣的进项税额等
其他可归属于存货采购成本的费用	如在存货采购过程中发生的仓储费、包装费、运输途中的合理损耗、入库前的挑选整理费用等。这些费用能分清负担对象的，应直接计入存货的采购成本；不能分清负担对象的，应选择合理的分配方法，分配计入有关存货的采购成本，分配方法通常包括按所购存货的重量或采购价格的比例进行分配

需要注意的是：其他可归属于存货采购成本的费用等，应当计入存货的采购成本，也可以先进行归集，期末再根据所购商品的存销情况进行分摊。对于已售商品的进货费用，计入当期损益；对于未售商品的进货费用，计入期末存货成本。企业采购商品的进货费用金额较小的，可以在发生时直接计入当期损益。

采购过程中如果遇到物资毁损或短缺，其会计处理见表3－2。

表3－2 采购过程中物资毁损、短缺的会计处理

分类	会计处理
合理的损耗	作为存货的“其他可归属于存货采购成本的费用”计入采购成本
其他情况	①应从供应单位、外部运输机构等收回的物资短缺或其他赔款，冲减物资的采购成本；②因遭受意外灾害发生的损失和尚待查明原因的途中损耗，不得增加物资的采购成本，应暂作为待处理财产损溢进行核算，在查明原因后再作处理

2. 通过进一步加工而取得的存货

通过进一步加工而取得的存货的成本由采购成本、加工成本以及为使存货达到目前场所和状态所发生的其他成本构成。进一步加工取得的存货的成本确认方法见表3－3。

表3－3 进一步加工取得的存货的成本

分类	初始成本的确认
委托外单位加工的存货	实际耗用的原材料或者半成品、加工费、运输费、装卸费等费用以及按规定应计入成本的税金
自行生产的存货	投入的原材料或半成品、直接人工和按照一定方法分配的制造费用。制造费用，是指企业为生产产品和提供劳务而发生的各项间接费用，包括企业生产部门(如生产车间)管理人员的薪酬、折旧费、修理费、办公费、水电费、机物料消耗、劳动保护费、季节性和修理期间的停工损失等

3. 其他方式取得的存货

(1)投资者投入存货的成本，应当按照投资合同或协议约定的价值确定，但合同或协议约定价值存在内部交易等因素，不符合公允要求的除外。

(2)通过非货币性资产交换、债务重组和企业合并等取得的存货的成本，应当分别按照"非货币性资产交换"、"债务重组"及有关企业会计准则的规定确定。

4. 通过提供劳务取得的存货

通过提供劳务取得的存货，其成本按从事劳务提供人员的直接人工和其他直接费用以及可归属于该存货的间接费用确定。

(二)发出存货的计价

日常工作中，企业发出的存货，可以按实际成本核算，也可以按计划成本核算。如采用计划成本核算，会计期末应调整为实际成本。

企业应当根据各类存货的实物流转方式、企业管理的要求、存货的性质等实际情况，合理地确定发出存货成本的计算方法，以及当期发出存货的实际成本。对于性质和用途相同的存货，应当采用相同的成本计算方法确定发出存货的成本。发出存货的计价方法介绍见表3－4。

表3－4　发出存货的计价方法

分类	含义	适用范围、优缺点及公式
个别计价法	又称个别认定法、具体辨认法、分批实际法。采用这一方法是假设存货的成本流转与实物流转相一致，按照各种存货，逐一辨认各批发出存货和期末存货所属的购进批别或生产批别，分别按其购入或生产时所确定的单位成本作为计算各批发出存货和期末存货成本的方法	适用于一般不能替代使用的存货以及为特定项目专门购入或制造的存货，如珠宝、名画等贵重物品；成本比较合理、准确；实务操作的工作量繁重，困难较大
先进先出法	以先购入的存货先发出这样一种存货实物流转假设为前提，对发出存货进行计价	期末存货成本比较接近现行的市场价值，其优点是使企业不能随意挑选存货计价以调整当期利润；缺点是工作量比较繁琐，当物价上涨时，会高估企业当期利润和库存存货价值，反之，会低估企业存货价值和当期利润

（续表）

分类	含义	适用范围、优缺点及公式
月末一次加权平均法	进货时，按存货的实际成本进行分类核算，发出存货时，只记录发货数量，月末时以本月所有进货和本期期初存货的加权平均成本，乘以发货数量作为存货的发出成本	公式1：本期存货的加权平均单位成本 =（期初结存金额 + 本期各批进货的实际金额）/（期初结存数量 + 本期各批收货数量） 公式2：本期发出存货的成本 = 本期发出存货的数量 × 加权平均单位成本 公式3：期末存货的成本 = 本次发货后结存存货的数量 × 加权平均单位成本
移动加权平均法	在每次收货以后，立即根据库存存货数量和总成本，计算出新的平均单位成本，发货时都以最近一次进货时计算的平均成本作为发出存货的平均成本	公式1：本次进货后的移动平均单位成本 =（本次进货前库存存货的实际成本 + 本次进货的实际成本）÷（本次进货前库存存货的实际数量 + 本次进货的实际数量） 公式2：发出存货的成本 = 本次发出存货的数量 × 移动平均单位成本 公式3：本次发货后库存存货的成本 = 本次发货后结存存货的数量 × 移动平均单位成本

注：在新的《企业会计准则》中，后进先出法不再作为一种发出存货的计价方法。

（三）存货的期末计价

资产负债表日，存货应当按照成本与可变现净值孰低计量。存货成本高于其可变现净值的，应当计提存货跌价准备，计入当期损益。存货成本和可变现净值的含义见表 3－5。

表 3－5　存货的相关概念

相关概念	具体含义
可变现净值	日常活动中，存货的估计售价减去至完工时估计将要发生的成本、估计的销售费用以及相关税费后的金额
存货成本	期末存货的实际成本

注：企业预计的销售存货现金流量并不完全等于存货的可变现净值。企业应以确凿证据为基础计算确定存货的可变现净值。

第二节　库存材料的会计核算

一、采用实际成本法进行库存材料的核算

按照实际成本法对库存材料进行会计核算时，库存材料的收发及结存，无论总分类核算还是明细分类核算，均按照实际成本计价。使用的会计科目有“原材料”、“在途物资”等，“原材料”科目的借方、贷方及余额均以实际成本计价，不存在成本差异的计算与结转问题。但采用实际成本核算，日常反映不出材料成本是节约还是超支，从而不能反映和考核物资采购业务的经营成果。因此这种方法通常适用于材料收发业务较少的企业。

(一)采用实际成本法进行库存材料核算的常用科目

采用实际成本法进行库存材料核算的常用科目及相应科目核算的介绍见表 3－6。

表 3-6 库存材料核算常用科目及相应科目介绍

科目名称	科目意义及内容
在途物资	本科目用于核算企业采用实际成本（进价）进行材料、商品等物资的日常核算、货款已付尚未验收入库的各种物资（即在途物资）的采购成本，本科目应按供应单位和物资品种进行明细核算。本科目的借方登记企业购入的在途物资的实际成本，贷方登记验收入库的在途物资的实际成本，期末余额在借方，反映企业在途物资的采购成本
原材料	本科目用于核算库存各种材料的收发与结存情况。在库存材料按实际成本核算时，本科目的借方登记入库材料的实际成本，贷方登记发出材料的实际成本，期末余额在借方，反映企业库存材料的实际成本
应付账款	本科目用于核算企业因购买材料、商品和接受劳务等经营活动应支付的款项。本科目的贷方登记企业因购入材料、商品和接受劳务等尚未支付的款项，借方登记偿还的应付账款，期末余额一般在贷方，反映企业尚未支付的应付账款
预付账款	本科目用于核算企业按照合同规定预付的款项。本科目的借方登记预付的款项及补付的款项，贷方登记收到所购物资时根据有关发票账单记入"原材料"等科目的金额及收回多付款项的金额，期末余额在借方，反映企业实际预付的款项；期末余额在贷方，则反映企业尚未预付的款项。预付款项情况不多的企业，可以不设置"预付账款"科目，而将此业务在"应付账款"科目中核算

（二）采用实际成本法的账务处理

存货按实际成本核算的特点是：从存货收发凭证到明细分类账和总分类账全部按实际成本计价。实际成本法一般适用于规模较小、存货品种简单、采购业务不多的企业。

1. 购入库存材料的会计核算

企业外购材料时，由于结算方式和采购地点的不同，材料入库和货款的支付在时间上不一定完全同步，相应地，其账务处理也有所不同，具体情况见表 3-7。

表 3－7　购入库存材料的会计处理

情况	会计处理
发票账单与材料同时到达的采购业务，企业材料已验收入库	应通过“原材料”科目核算，对于增值税专用发票上注明的可抵扣的进项税额，应借记“应交税费——应交增值税（进项税额）”科目
已经付款或已开出、承兑商业汇票，但材料尚未到达或尚未验收入库的采购业务	应根据发票账单等结算凭证，借记“在途物资”、“应交税费——应交增值税（进项税额）”科目，贷记“银行存款”或“应付票据”等科目；待材料到达、验收入库后，再根据收料单，借记“原材料”科目，贷记“在途物资”科目
材料已到达并已验收入库，但发票账单等结算凭证未到，货款尚未支付	应于月末，按材料的暂估价值，借记“原材料”科目，贷记“应付账款——暂估应付账款”科目。下月初用红字作同样的记账凭证予以冲回，以便下月付款或开出、承兑商业汇票后，按正常程序，借记“原材料”、“应交税费——应交增值税（进项税额）”科目，贷记“银行存款”或“应付票据”等科目
采用预付货款的方式采购材料	应在预付材料价款时，按照实际预付金额，借记“预付账款”科目，贷记“银行存款”科目；已经预付货款的材料验收入库，根据发票账单等所列的价款、税额等，借记“原材料”科目和“应交税费——应交增值税（进项税额）”科目，贷记“预付账款”科目；预付款项不足，补付上项货款，按补付金额，借记“预付账款”科目，贷记“银行存款”科目；退回上项多付的款项，借记“银行存款”科目，贷记“预付账款”科目

【例 3－1】 鲁班制造有限公司购入 C 材料一批，增值税专用发票上记载的货款为 500 000 元，增值税额 85 000 元，另外对方代垫包装费 1 000 元，全部款项已用电汇方式付讫，材料已验收入库。对此业务应进行如下的账务处理：

借：原材料——C 材料　　501 000

　　应交税费——应交增值税（进项税额）　　85 000

　　贷：银行存款　　586 000

【例 3-2】 鲁班制造有限公司于 2010 年 9 月 20 日收到银行转来的委托收款凭证及 200 吨煤炭的提货单，采购成本共计 60 000 元，相应的增值税进项税额为 10 200 元，加税合计 70 200 元已由银行支付，但材料尚未到达。对此业务应进行如下的账务处理：

借：在途物资　　60 000
　　应交税费——应缴增值税(进项税额)　　10 200
　　贷：银行存款　　70 200

9 月 24 日，材料到达并验收入库，则会计分录为：

借：原材料　　60 000
　　贷：在途物资　　60 000

【例 3-3】 鲁班制造有限公司采用汇兑结算方式购入聚乙烯材料一批，发票及账单已收到，但材料尚未到达，增值税专用发票上记载的货款为 10 000 元，增值税额 1 700 元。支付保险费 1 000 元。对此业务应进行如下的账务处理：

借：在途物资　　11 000
　　应交税费——应交增值税(进项税额)　　1 700
　　贷：银行存款　　12 700

待上述购入的聚乙烯材料已收到，并验收入库。

借：原材料　　12 700
　　贷：在途物资　　12 700

【例 3-4】 根据鲁班制造有限公司与某钢厂的购销合同规定，为购买金属材料向该钢厂预付 100 000 元货款的 80%，计 80 000 元，已通过汇兑方式汇出。对此业务应进行如下的账务处理：

借：预付账款——某钢厂　　80 000
　　贷：银行存款　　80 000

10 天之后，鲁班制造有限公司收到该钢厂发运来的金属材料，已验收入库。有关发票账单记载，该批货物的货款 100 000 元，增值税额 17 000元，对方代垫包装费 3 000 元，所欠款项以银行存款的形式付讫。

① 材料入库时：

借：原材料——金属材料　　103 000

　　应交税费——应交增值税(进项税额)　　17 000

　　贷：预付账款——某钢厂　　120 000

② 补付货款时：

借：预付账款　　40 000

　　贷：银行存款　　40 000

2. 领用库存材料的会计核算

企业生产经营领用库存材料，按实际成本，借记“生产成本”、“制造费用”、“销售费用”、“管理费用”等科目，贷记“原材料”科目；企业发出委托外单位加工的库存材料，借记“委托加工物资”科目，贷记“原材料”科目。

基建工程、福利等部门领用的库存材料，按实际成本加上不予抵扣的增值税额等，借记“在建工程”、“应付职工薪酬——职工福利”等科目，按实际成本，贷记“原材料”科目，按不予抵扣的增值税额，贷记“应交税费——应交增值税(进项税额转出)”科目。

企业各生产单位及有关部门领用的材料具有种类多、业务频繁等特点。为了简化核算，可以在月末根据“领料单”或“限额领料单”中有关领料的单位、部门等加以归类，编制“发料凭证汇总表”，据以编制记账凭证、登记入账。发出材料实际成本的确定，可以由企业从上述个别计价法、先进先出法、月末一次加权平均法、移动加权平均法等方法中选择。计价方法一经确定，不得随意变更。如需变更，应在附注中予以说明。

【例3-5】 甲公司根据“发料凭证汇总表”的记录，1月份基本生产车间领用一种不锈钢材料10 000元，辅助生产车间领用该种不锈钢材料2 000元，车间管理部门领用该材料5 000元，企业行政管理部门领用该材料4 000元，计21 000元。

借：生产成本——基本生产成本　　10 000

　　　　　　——辅助生产成本　　2 000

制造费用	5 000
管理费用	4 000
贷：原材料——不锈钢材料	21 000

3. 出售库存材料的核算

对于出售的库存材料，企业应当按已收或应收的价款，借记“银行存款”或“应收账款”等科目，按实现的营业收入，贷记“其他业务收入”等科目，按应交的增值税额，贷记“应交税费——应交增值税(销项税额)”科目；月度终了，按出售库存材料的实际成本，借记“其他业务成本”科目，贷记“原材料”科目。

二、采用计划成本法进行库存材料核算

计划成本法是指企业存货的收入、发出和结余均按预先制订的计划成本计价，同时另设“材料成本差异”(或产品成本差异，下同)科目，登记实际成本与计划成本的差额。存货按计划成本核算，要求存货的总分类核算和明细分类核算均按计划成本计价。一般适用于存货品种繁多、收发频繁的企业。如大中型企业中的各种库存材料、低值易耗品等。如果企业的自制半成品、产成品品种繁多，或者在管理上需要分别核算其计划成本和成本差异的，也可采用计划成本法核算。

(一)采用计划成本法进行库存材料核算的常用科目

在实务工作中，对于材料收发业务较多并且计划成本资料较为健全、准确的企业，一般可以采用计划成本进行材料收发的核算。采用计划成本法进行库存材料核算经常使用的会计科目有“原材料”、“材料采购”、“材料成本差异”等。采用计划成本法进行库存材料核算的常用科目及相应科目核算的介绍见表 3 - 8。

表 3-8　库存材料核算的常用科目及相关科目介绍

科目名称	会计科目的意义及内容
原材料	本科目用于核算库存各种材料的收发与结存情况。在材料采用计划成本核算时，本科目的借方登记入库材料的计划成本，贷方登记发出材料的计划成本，期末余额在借方，反映企业库存材料的计划成本
材料采购	本科目借方登记采购材料的实际成本，贷方登记入库材料的计划成本。借方大于贷方表示超支，从本科目贷方转入“材料成本差异”科目的借方；贷方大于借方表示节约，从本科目借方转入“材料成本差异”科目的贷方；期末为借方余额，反映企业在途材料的采购成本
材料成本差异	本科目反映企业已入库各种材料的实际成本与计划成本的差异，借方登记超支差异及发出材料应负担的节约差异，贷方登记节约差异及发出材料应负担的超支差异。期末如为借方余额，反映企业库存材料的实际成本大于计划成本的差异（即超支差异）；如为贷方余额，反映企业库存材料实际成本小于计划成本的差异（即节约差异）

（二）计划成本法的会计核算程序

采用计划成本法的前提是制订每一品种规格存货的计划成本，存货计划成本的组成内容应与其实际成本的构成一致，包括买价、运杂费和有关的税金等。存货的计划成本一般由企业采购部门会同财会等有关部门共同制订，制订的计划成本应尽可能接近实际。采用计划成本进行日常核算的企业，其基本的核算程序如图 3-1 所示。

企业应先制订各种存货的计划成本目录，规定存货的分类、各种存货的名称、规格、编号、计量单位和计划单位成本。除一些特殊情况外，计划单位成本在年度内一般不作调整

↓

平时收到存货时，应按计划单位成本计算出收入存货的计划成本填入收料单内，并按实际成本与计划成本的差额，作为“材料成本差异”分类登记

↓

平时领用、发出的存货，都按计划成本计算，月份终了再将本月发出存货应负担的成本差异进行分摊，随同本月发出存货的计划成本记入有关账户，将发出存货的计划成本调整为实际成本。发出存货应负担的成本差异，必须按月分摊，不得在季末或年末一次分摊

图3－1 计划成本法的会计核算程序

(三)采用计划成本法进行库存材料核算的账务处理

1. 计划成本法下取得库存材料的核算

在计划成本法下，取得的库存材料先要通过“材料采购”科目进行核算，其实际成本与计划成本的差异，通过“材料成本差异”科目进行核算。

【例3－6】 鲁班制造有限公司经税务部门核定为一般纳税人，2010年4月2日，购入材料一批，取得的增值税专用发票上注明的价款为8 000元，增值税额为1 360元，发票等结算凭证已经收到，贷款已通过银行转账支付。材料已验收入库。该批材料的计划成本为7 000元。有关会计分录如下。

①交易完成时：

借：材料采购	8 000	
应交税费——应交增值税(进项税额)	1 360	
贷：银行存款		9 360

②材料入库时：

借：原材料	7 000	
材料成本差异	1 000	
贷：材料采购		8 000

2. 计划成本下发出存货的核算

根据《企业会计准则第1号——存货》的规定，企业日常采用计划成本核算的，发出的材料成本应由计划成本调整为实际成本，通过“材料成本差异”科目进行结转，按照所发出材料的用途，分别记入“生产成本”、“制造费用”、“销售费用”、“管理费用”等科目。发出材料应负担的成本差异应当按期(月)分摊，不得在季末或年末一次计算。月末，企业根据领料单等编制“发料凭证汇总表”结转发出材料的计划成本，应当根据所发出材料的用途，按计划成本分别记入“生产成本”、制造费用”、“销售费用”、“管理费用”等科目。

【例4-7】 鲁班制造有限公司采用计划成本法对库存材料进行核算，2010年5月份发出库存材料的计划成本如下：生产部门45 000元，管理部门6 800元，销售部门1 000元，合计52 800元。

该公司5月初库存材料账户余额为20 000元，本月收入材料计划成本为40 000元。月初材料成本差异账户为贷方余额2 400元，本月入库材料成本差异为贷方余额600元。请对本月的库存材料发出业务进行会计处理。

① 在发出以上的库存材料时，首先按照发出库存材料的计划成本进行有关成本费用的会计处理。

借：生产成本	45 000	
管理费用	6 800	
销售费用	1 000	
贷：原材料		52 800

② 本月月底时，计算此种库存材料的材料成本差异率，对与此种库存材料有关的成本费用科目进行调整。

材料成本差异率＝(月初结存材料的成本差异＋本月收入材料的成本差异)÷(月初结存材料的计划成本＋本月收入材料的计划成本)×100%

则：5月份材料成本差异率＝(－2 400－600)÷(20 000＋40 000)×100%＝－5%。

本月发出材料成本差异＝本月发出材料计划成本×材料成本差异率

因此：5月份发出库存材料总的成本差异＝52 800×(－5%)＝－2 640(元)。

本月发出材料实际成本应调整的金额依次为：

生产车间应调整的金额 =45 000 ×（−5%）= −2 250（元）；

管理费用应调整的金额 =6 800 ×（−5%）= −340（元）；

销售费用应调整的金额 =1 000 ×（−5%）= −50（元）。

根据计算结果，编制会计分录如下：

借：材料成本差异	2 640	
贷：生产成本		2 250
管理费用		340
销售费用		50

第三节 周转材料的会计核算

一、周转材料的概念及分类

周转材料的概念及分类见表 3－9。

表 3－9 周转材料的概念及分类

周转材料的概念	周转材料的分类	
周转材料是指在施工生产过程中能多次反复周转使用、并基本保持其物质形态或经过整理便可以保持或恢复实物形态的材料。如模板、挡土板、脚手架、安全网等。企业的周转材料大多是用主要材料加工制成的或是直接从外部购入的。周转材料就其在施工生产中所起的作用来说，具有劳动资料的性质。但周转材料的使用期限较短，价值较低，领用频繁，一般作为流动资产进行管理和核算	模板	指浇灌混凝土使用的木模、组合钢模以及配合模板使用的支撑材料、滑模材料、构件等。按固定资产管理的固定钢模和现场固定大型钢模板不包括在内
	挡板	指土方工程使用的挡土板等，包括支撑材料在内
	脚手架	指搭脚手架的竹竿、木杆、竹木跳板、钢管脚手架及其附件等
	其他	如塔吊使用的轻轨、枕木等，但不包括附属于塔吊的钢轨

二、周转材料的摊销方法

施工企业应当根据具体情况对周转材料采用一次摊销、分期摊销、分次摊销或者定额摊销的方法。具体介绍见表3-10。

表3-10　周转材料的摊销方法

摊销方法名称	含义	计算公式	适用范围
一次摊销	是指领用时将周转材料的价值一次计入受益成本核算对象的成本		适用于易腐易糟，不宜反复周转使用的周转材料，如安全网等
分期摊销	是根据周转材料原价、预计残值和预计使用期限计算每期摊销额的一种方法，也称“直线法”	周转材料每月摊销额=周转材料原价×(1-残值率)/预计使用月数	适用于脚手架、跳板、塔吊轻轨、枕木等周转材料
分次摊销	是根据周转材料原价、预计残值和预计使用次数，计算每次摊销额的一种方法	周转材料每月一次的摊销额=周转材料原价×(1-残值率)/预计使用次数 本期摊销额=本期使用次数×每次摊销额	适用于预制钢筋混凝土构件时所使用的定型模板、模板、挡板等周转材料
定额摊销	根据实际完成的实物工作量和预算定额规定的周转材料消耗定额，计算确认本期摊入相关工程成本、费用的金额	周转材料本期摊销额=本期完成的实物工作量×单位工程周转材料消耗定额	适用于各种周转材料

对各种周转材料的具体摊销方法，由施工企业根据具体情况确定，一经确定，不得随意更改，如需改变，应在会计报表说明书中加以说明。

对于施工企业来说，施工生产的自然条件较差，周转材料大部分都是露天堆放，发生的损耗较大。所以周转材料无论采用哪种摊销方法计算摊销额都不可能与实际消耗价值完全一致。为了使计提的周转材料摊销额尽可能与实际损耗价值一致，以保证工程成本的准确性，年终或工程竣工时，建筑企业还必须对周转材料进行清理，根据实际损耗情况调整已提摊销额。

三、周转材料核算中的科目设置与会计核算

为了核算施工企业库存和在用的各种周转材料的实际成本或计划成本。应设置“周转材料”科目。该科目借方核算企业库存及在用周转材料的计划成本或实际成本，贷方核算周转材料摊销价值及盘亏、报废、毁损等原因减少的周转材料价值。期末余额反映企业期末所有在库周转材料的计划成本或实际成本以及在用周转材料的摊余价值。

由于周转材料在施工中能反复使用，它的价值是逐渐转移于工程成本中的，因此在核算上既要反映它的原值，又要反映它的损耗价值。根据这个要求，对周转材料应在“周转材料”科目下设置“在库周转材料”、“在用周转材料”和“周转材料摊销”三个明细科目，并按周转材料的种类设置明细账，进行明细核算。采用一次摊销法的，可以不设置以上三个明细科目。

(一)领用周转材料的会计核算

(1)采用一次摊销法的，领用时，将其计划成本或实际成本计入有关的成本、费用：

借：工程施工等

　　贷：周转材料

(2)采用其他摊销法的。

① 领用时：

借：周转材料——在用周转材料

　　贷：周转材料——在库周转材料

② 摊销时：

借：工程施工等

贷：周转材料——周转材料摊销

③ 退库时：

借：周转材料——在库周转材料

贷：周转材料——在用周转材料

其中采用计划成本核算的施工企业，月度终了，应结转当月领用周转材料应分摊的成本差异，通过“材料成本差异”科目，记入有关成本、费用科目。

【例3-8】 泰山建设工程公司施工部门领取尼龙防护网一批，该企业对周转材料按照实际成本进行核算，其实际成本为5 000元，采用一次摊销法核算。其会计分录如下：

借：工程施工　　5 000

贷：周转材料　　5 000

【例3-9】 泰山建设工程公司施工部门领用安全网一批，采用一次摊销法摊销，其计划成本为5 000元，应负担的材料成本差异为-1%，领用手续已办。

① 根据周转材料领用单作如下会计分录：

借：工程施工　　5 000

贷：周转材料——在库周转材料　　5 000

② 月末结转该安全网材料成本差异作如下会计分录：

应结转的材料成本差异 = 5 000 × (-1%) = -50(元)。

借：材料成本差异——周转材料　　50

贷：工程施工　　50

【例3-10】 某工程领用全新挡土板一批，其账面价值为10 000元，预计使用期限为5次，预计残值占账面价值的10%，采用分次摊销法核算。

① 领用这批周转材料时，作如下会计分录：

借：周转材料——在用周转材料　　10 000

贷：周转材料——在库周转材料　　10 000

② 计算本次摊销额时作如下会计分录：

本次摊销额 = 10 000 × (1 − 10%) ÷ 5 = 1 800(元)。

借：工程施工　　1 800

　　贷：周转材料——周转材料摊销　　1 800

(二)报废周转材料的核算

周转材料报废时，应分别按以下情况进行账务处理，见表 3－11。

表 3－11　周转材料报废时的处理

情况	账务处理
采用一次摊销法的	将报废周转材料的残料价值作为当月周转材料摊销额的减少，冲减有关成本、费用，借记“原材料”等科目，贷记“工程施工”等科目
采用其他摊销法的	首先需要补提摊销额，对尚未计提的周转材料余额，借记“工程施工”等科目，贷记“周转材料——周转材料摊销”科目；将报废周转材料的残料价值作为当月周转材料摊销额的减少，冲减有关成本、费用，借记“原材料”等科目，贷记“工程施工”等有关科目，同时，将已提摊销额，借记“周转材料——周转材料摊销”科目，贷记“周转材料——在用周转材料”科目

【例 3－11】　某工程领用全新挡土板一批，其账面价值为 10 000 元，预计使用期限为 5 次，预计残值占账面价值的 10%，采用分次摊销法核算。这批挡土板在使用到 5 次时已全部报废，收回残料价值为 800 元，挡土板已提摊销额 9 000 元。其账务处理如下。

挡土板应提摊销额 = 10 000 − 800 = 9 200(元)；

应补提摊销额 = 9 200 − 9 000 = 200(元)。

① 补提摊销额时，作如下会计分录：

借：工程施工　　200

　　贷：周转材料——周转材料摊销　　200

② 将残料验收入库，作如下会计分录：

借：原材料　　800

　　周转材料——周转材料摊销　　9 200

　　贷：周转材料——在用周转材料　　10 000

第四节　材料物资的清查

一、材料物资的盘存方法

企业存货的数量需要通过盘存来确定，常用的存货数量盘存方法主要有实地盘存制和永续盘存制两种。表3－12对这两种方法进行了较详细的解释。

表3－12　存货盘存方法

存货数量盘存方法	具体内容	相关说明	相关公式
实地盘存制（定期盘存制）	会计期末通过对全部存货进行实地盘点，以确定期末存货的结存数量，然后分别乘以各项存货的盘存单价，计算出期末存货的总金额，记入各有关存货科目，倒轧本期已耗用或已销售存货的成本	平时对有关存货科目只记借方，不记贷方，每一期末，通过实地盘点确定存货数量，据以计算期末存货成本，然后计算出当期耗用或销货成本，记入有关存货科目的贷方。这一方法用于工业企业，称为“以存计耗”或“盘存计耗”；用于商品流通企业，称为“以存计销”或“盘存计销”	“以存计耗”和“以存计销”以下列存货的基本等式为依据： 期初存货＋本期购货＝本期耗用或销货＋期末存货 用历史成本计价，则上述公式可以改写为： 本期耗用或销货成本＝期初存货成本＋本期购货成本－期末存货成本

（续表）

存货数量盘存方法	具体内容	相关说明	相关公式
永续盘存制（账面盘存制）	对存货项目设置经常性的库存记录，即分别品名、规格设置存货明细账，逐笔或逐日地登记收入发出的存货，并随时记列结存数	通过会计账簿资料，就可以完整地反映存货的收入、发出和结存情况。在没有发生丢失和被盗的情况下，存货账户的余额应当与实际库存相符。采用永续盘存制，并不排除对存货的实物盘点，为了核对存货账面记录，加强对存货的管理，每年至少应对存货进行一次全面盘点，具体盘点次数视企业内部控制要求而定	—

二、存货盘盈、盘亏的会计核算

企业在进行存货的日常收发及保管过程中，因种种原因可能造成存货实际结存数量与账面结存数量不符，有时会因非常事项而造成存货毁损。为了确保账实相符，企业应定期或不定期进行存货盘点。发生存货盘盈（实际结存数量大于账面结存数量）、盘亏（实际结存数量小于账面结存数量）及毁损（非常性事项造成的存货损失）时，应及时查明原因，并进行账务处理，以保证账实一致。

（一）存货盘盈的账务处理方法

发现存货盘盈时的会计处理见表 3－13。

表 3-13　存货盘盈的账务处理

相关经济业务	账务处理
发生存货盘盈	按规定的程序报经有关部门批准后才能做出处理
批准处理以前	先根据盘盈的存货，按同类或类似存货的市场价格计价入账调整存货账面记录，以使账实一致，即借记"原材料"、"库存商品"等科目，贷记"待处理财产损溢——待处理流动资产损溢"科目
盘盈的存货查明原因后	借记"待处理财产损溢——待处理流动资产损溢"科目，贷记有关科目
无法确定具体原因的	冲减企业的管理费用，借记"待处理财产损溢——待处理流动资产损溢"科目，贷记"管理费用"科目

【例 3-12】 某企业进行财产清查，根据发生的有关存货盘盈的经济业务编制会计分录如下。

① 盘点原材料，发现甲材料盘盈，按市场价格计算其成本为 1 000 元，盘盈原因待查。

借：原材料　　1 000

　贷：待处理财产损溢——待处理流动资产损溢　　1 000

② 查明原因，盘盈的原材料系收发时的计量误差所致，经批准冲销企业的管理费用。

借：待处理财产损溢——待处理流动资产损溢　　1 000

　贷：管理费用　　1 000

(二)存货盘亏和毁损的账务处理

存货盘亏或毁损时的账务处理方法见表 3-14。

表 3-14　存货盘亏和毁损的账务处理

相关经济业务	账务处理
发生存货盘亏和毁损，在批准处理以前	通过"待处理财产损溢——待处理流动资产损溢"科目进行核算

（续表）

相关经济业务	账务处理
盘亏和毁损	借记“待处理财产损溢——待处理流动资产损溢”科目，贷记有关的存货科目
发生非正常毁损（如自然灾害、被盗窃及管理不善造成大量霉烂变质等）	非正常损失的价值借记“待处理财产损溢——待处理流动资产损溢”；按非正常损失存货的实际成本贷记有关存货科目，按非正常损失存货应负担的进项税，贷记“应交税费——应交增值税（进项税额转出）”科目
查明盘亏和毁损的原因后	借记有关科目（属于定额内合理盘亏，应作为管理费用列支；属于一般经营性损失的，扣除残料价值以及可以收回的保险赔偿和过失人赔偿剩余净损失，经批准也可以作为管理费用列支；属于自然灾害损失，管理不善造成货物被盗、发生霉烂变质等损失以及其他非正常损失的，扣除可以收回的保险赔偿及残料价值后的净损失，作为企业的营业外支出进行处理），贷记“待处理财产损溢——待处理流动资产损溢”科目

注：根据我国《增值税暂行条例》的规定，企业发生的非正常损失的购进货物以及非正常损失的在产品、产成品所耗用的购进货物或应税劳务的进项税不得从销项税中抵扣。

【例3－13】 金元公司在年末盘点时，发生以下有关的存货盘亏和毁损的经济业务，编制的会计分录如下。

① 甲材料发生盘亏，实际成本为800元，原因待查。

借：待处理财产损溢——待处理流动资产损溢　　800

　　贷：原材料　　800

② 后查明原因，盘亏甲材料系定额内合理损耗，批准作为管理费用列支。

借：管理费用　　800

　　贷：待处理财产损溢——待处理流动资产损溢　　800

③ 因发生水灾，对财产进行清查盘点。其中，产成品毁损额按实际成本计算为2 000元，产成品耗用的原材料及应税劳务的进项税为340元，并通知保险公司。

借：待处理财产损溢——待处理流动资产损溢 2 340
　　贷：产成品 2 000
　　　　应交税费——增值税(进项税额转出) 340

④ 公司对水灾造成的产成品损失已经作出处理决定，残料估值300元，可以由保险公司赔偿的损失为1 000元，由企业负担的损失为1 040元。

借：原材料 300
　　其他应收款 1 000
　　营业外支出 1 040
　　贷：待处理财产损溢——待处理流动资产损溢 2 340

第五节 存货跌价准备

一、存货的期末计量

企业的存货应当在期末(即资产负债表日)按成本与可变现净值孰低计量，对可变现净值低于存货成本的差额，计提存货跌价准备，计入当期损益。成本与可变现净值孰低法中的“成本”，是指期末存货的实际成本(即历史成本)；如企业在存货成本的日常核算中采用计划成本法、售价金额核算法等简化核算方法，则“成本为经调整后的实际成本”。可变现净值是指在日常活动中，以存货的估计售价减去至完工时估计将要发生的成本、估计的销售费用以及相关税费后的金额，并不是指存货的现行售价。

“成本与可变现净值孰低法”的理论基础主要是使存货符合资产的定义。当存货的可变现净值下跌至成本以下时，由此所形成的损失已不符合资产的定义，因而应将这部分损失从资产价值中抵消，列入当期损益。否则，当存货的可变现净值低于其成本价值时，如果仍然以其历史成本计价，就会出现虚夸资产的现象，导致会计信息的失真。

“确凿证据”是指对确定存货的可变现净值有直接影响的确凿证明，如产品或商品的市场销售价格、与企业产品或商品相同或类似商品的市场销售价格、供货方提供的有关资料、销售方提供的有关资料、生产成本资料等。企业持有存货的目的不同，确定存货可变现净值的计算方法也不同，如用于出售的存货和用于继续加工的存货，其可变现净值的计算就不相同。企业持有存货的目的有两种，如图 3－2 所示。

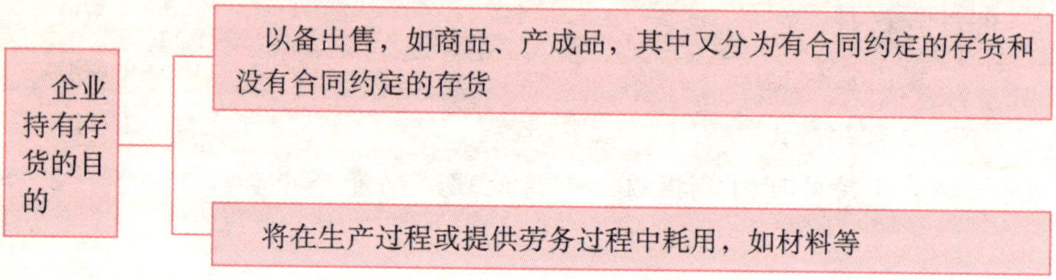

图 3－2　企业持有存货的目的

企业在确定存货的可变现净值时还应考虑资产负债表日后事项等的影响，这些事项应能够确定资产负债表日存货的存在状况，即在确定资产负债表日存货的可变现净值时，不仅要考虑资产负债表日与该存货相关的价格与成本波动，而且还应考虑未来的相关事项。也就是说，不仅限于财务报告批准报出日之前发生的相关价格与成本波动，还应考虑以后期间发生的相关事项。

二、存货期末计价的方法

存货期末计价的方法中一种是用可变现净值法，用该方法对不同性质的存货进行确定的方法见表 3－15。

表 3－15　可变现净值的确定

企业持有的、目的不同的存货	可变现净值的确定存货
产成品、商品和用于出售的材料等直接用于出售的存货	以该存货的估计售价减去估计的销售费用和相关税费后的金额确定
需要经过加工的材料存货	以所生产的产成品的估计售价减去至完工时估计将要发生的成本、估计的销售费用以及相关税费后的金额确定

（续表）

企业持有的、目的不同的存货	可变现净值的确定
资产负债表日，同一项存货中一部分有合同价格约定，其他部分不存在合同价格的	分别确定其可变现净值，并与其相对应的成本进行比较，分别确定存货跌价准备的计提或转回的金额

不同性质的存货在确定其估计售价时所用的方法是不同的，具体情况及方法见表3－16。

表3－16　估计售价的确定

持有的各类存货	估计售价的确定
为执行销售合同或者劳务合同而持有的	以产成品或商品的合同价格作为其可变现净值的计算基础；如果持有存货的数量多于销售合同订购数量的，超出部分以一般销售价格为计算基础；如果企业销售合同所规定的标的物还没有生产出来，但持有专门用于该标的物生产的原材料，其可变现净值应当以合同价格作为计算基础
没有销售合同约定的	以产成品或商品一般销售价格（即市场销售价格）作为计算基础
用于出售的材料等	以市场销售价格作为其可变现净值的计算基础

企业应当定期或者至少于每年年度终了对存货进行全面清查，如由于存货遭受毁损、全部或部分陈旧过时或销售价格低于成本等原因，使存货成本高于可变现净值的，应按可变现净值低于成本的差额，计提存货跌价准备；如果以前减记存货价值的影响因素已经消失，则减记的金额应当予以恢复，并在原已计提的存货跌价准备的金额内转回，以此减少计提的存货跌价准备。在资产负债表中，存货项目按照减去存货跌价准备的净额反映。应计提存货跌价准备的几种情况见表3－17。

表 3-17　应计提存货跌价准备的各种情况

应计提存货跌价准备的各种情况	该存货的市价持续下跌，并且在可预见的未来无回升的希望
	企业使用该项原材料生产的产品的成本大于产品的销售价格
	企业因产品更新换代，原有库存原材料已不适应新产品的需要，而该原材料的市场价格又低于其账面成本或因企业所提供的商品或劳务过时或消费者偏好改变而使市场的需求发生变化，导致市场价格逐渐下跌
	其他足以证明该项存货实质上已经发生减值的情形

在计提存货跌价准备时会用到可变现净值，存货可变现净值为零的几种特殊情形见表 3-18。

表 3-18　存货的可变现净值为零的情形

存货的可变现净值为零的情形	已霉烂变质的存货
	已过期且无转让价值的存货
	生产中已不再需要，并且已无使用价值和转让价值的存货
	其他足以证明已无使用价值和转让价值的存货

存货跌价准备通常应当按单个存货项目计提。但下列情况除外：① 与在同一地区生产和销售的产品系列相关，具有相同或类似最终用途或目的，且难以与其他项目分开计量的存货，可以合并计提存货跌价准备；② 对于数量繁多、单价较低的存货，可以按存货类别计提存货跌价准备。企业按成本与可变现净值孰低法对存货计价时，可供选择的计算方法见表 3-19。

表 3-19　企业按成本与可变现净值孰低法对存货计价时，可供选择的计算方法

三种不同的计算方法	单项比较法（逐项比较法或个别比较法）	对库存的每一种存货的成本与可变现净值逐项进行比较，每项存货均取较低数确定期末的存货成本
	分类比较法（类比法）	按存货类别的成本与可变现净值进行比较，每类存货取其较低数确定存货的期末成本
	综合比较法（总额比较法）	按全部存货的总成本与可变现净值总额相比较，以较低数作为期末全部存货的成本

【例 3－14】 某企业有甲、乙两大类 A、B、C、D 四种存货，各种存货分别按三种计算方式确定期末存货的成本，详见表 3－20。

表 3－20 期末存货成本与可变现净值比较表

存货项目	成本	可变现净值	期末计价		
			单项比较法	分类比较法	总额比较法
甲类存货	10 000.00	9 600.00		9 600.00	
A 存货	4 000.00	3 200.00	3 200.00		
B 存货	6 000.00	6 400.00	6 000.00		
乙类存货	20 000.00	20 800.00		20 000.00	
C 存货	8 000.00	9 200.00	8 000.00		
D 存货	12 000.00	11 600.00	11 600.00		
总计	30 000.00	30 400.00	28 800.00	29 600.00	30 000.00
应计提减值准备			1 200.00	400.00	0

由表 3－20 可知，单项比较法确定的期末存货成本最低，为 28 800 元；分类比较法次之，为 29 600 元；总额比较法最高，为 30 000 元。相应地计提的存货跌价准备分别为 1 200 元、400 元、0 元。

三、存货跌价准备的核算

(一) 存货跌价准备的计提

资产负债表日，存货的成本高于其可变现净值的，企业应当计提存货跌价准备。存货跌价准备的计提方法见表 3－21。

表 3－21 存货跌价准备的计提方法

相关情况	计提方法	账务处理
通常情况	按照单个存货项目计提存货跌价准备	成本与其可变现净值的差额即为应计提的存货跌价准备，与已提数进行比较，若应提数大于已提数，则应予补提。企业计提的存货跌价准备，应计入当期损益

（续表）

相关情况	计提方法	账务处理
数量繁多、单价较低的存货	按照存货类别计提存货跌价准备	与在同一地区生产和销售的产品系列相关、具有相同或类似最终用途或目的，且难以与其他项目分开计量的存货，可以合并计提存货跌价准备

【例3-15】 立兴股份有限公司采用成本与可变现净值孰低法对期末存货进行计量，采用单项比较法进行存货成本与可变现净值的比较。2010年12月31日，A、B两种存货的成本分别为40万元、27万元，可变现净值分别为36万元、30万元。

对于A存货，其成本40万元高于可变现净值36万元，应计提存货跌价准备4万元(40-36)。

对于B存货，其成本27万元低于可变现净值30万元，不需计提存货跌价准备。

因此，该企业对A、B两种存货计提的跌价准备共计为4万元，在当日资产负债表中列示的存货金额为63万元(36+27)。

（二）存货跌价准备的转回

当以前减记存货价值的影响因素已经消失，减记的金额应当予以恢复，并在原计提的存货跌价准备金额内转回，转回的金额计入当期损益(资产减值损失)。

在进行存货跌价准备的会计核算时，应该与存货的项目或类别存在直接的对应关系。在原已计提的存货跌价准备金额内转回，意味着转回的金额以将存货跌价准备的余额冲减至零为限。

【例3-16】 立兴股份有限公司采用成本与可变现净值孰低法对期末存货进行计量，采用单项比较法进行存货成本与可变现净值的比较。2009年12月31日，A、B两种存货的成本分别为40万元、27万元，可变现净值分别为36万元、30万元。对存货A计提存货跌价准备4万元。

假设2010年年末，存货的种类和数量、账面成本和已计提的存货跌价准备未发生变化，但是，2011年以来A存货市场价格持续上升，市场前景明显好转，可以判断以前造成减记存货价值的影响因素已经消失，减记的金额应当在原已计提的存货跌价准备金额内予以恢复。相关账务处理如下：

借：存货跌价准备　　40 000

　　贷：资产减值损失　　40 000

需要注意的是，导致存货跌价准备转回的是以前减记存货价值的影响因素的消失，而不是在当期造成存货可变现净值高于其成本的其他影响因素。如果本期导致存货可变现净值高于其成本的影响因素不是以前减记该存货价值的影响因素，则企业会计准则不允许将该存货跌价准备转回。

(三)存货跌价准备的结转

存货跌价准备结转的处理方法见表3－22。

表3－22　存货跌价准备的结转

相关经济业务	账务处理
计提了存货跌价准备的部分存货已经销售	结转销售成本时，应同时结转对其已计提的存货跌价准备
因债务重组、非货币性交易转出的存货	结转已计提的存货跌价准备，但不冲减当期的管理费用
按存货类别计提存货跌价准备的	按比例结转相应的存货跌价准备

注：因销售、债务重组、非货币性交易应结转的存货跌价准备＝(上期末该类存货所计提的存货跌价准备账面余额/上期末该类存货的账面余额)×因销售、债务重组、非货币性交易而转出的存货的账面余额。

【例 3－17】 2010 年，甲公司库存 A 机器 5 台，每台成本为 5 000 元，已经计提的存货跌价准备为 6 000 元。2011 年，甲公司将库存的 5 台机器全部以每台 6 000 元的价格售出。假定不考虑可能发生的销售费用及税金的影响，甲公司应将这 5 台 A 机器已经计提的跌价准备在结转其销售成本的同时，全部予以结转。甲公司的相关账务处理如下：

借：主营业务成本　　19 000

　　存货跌价准备　　6 000

　　贷：原材料——A 机器　　25 000

第四章　固定资产的会计核算

本章导读

固定资产是企业为生产商品、提供劳务、出租或经营管理而持有的使用寿命超过一个会计年度的有形资产。施工企业的工程操作很多要依靠大型的机械设备，因此，在施工企业中，固定资产占企业总资产的比重比较大，固定资产的购置以及折旧在施工企业会计核算中是一块很重要的内容。

固定资产各组成部分的使用寿命不同，在固定资产的确认过程中应将各组成部分单独确认固定资产。本章分别说明了外购的固定资产、自行建造的固定资产、融资租入固定资产、存在弃置费用的固定资产以及其他方式取得的固定资产的初始计量及账务处理；详细说明了固定资产折旧的不同方式及账务处理，固定资产的资本化及费用化的后续支出，以及固定资产的终止确认条件、账务处理，固定资产盘盈盘亏的处理以及固定资产减值的相关处理。对于环保材料、安全设备和一些特殊行业专业器材的确认，本章也作了相关说明。

本章的主要内容包括：

1. 固定资产的概念与确认；
2. 固定资产的初始计量；
3. 固定资产折旧；
4. 固定资产后续支出；
5. 固定资产的处置；
6. 固定资产清查；
7. 固定资产减值。

第一节　固定资产的概念与确认

一、固定资产的特征

固定资产的特征见表4-1。

表4-1　固定资产的特征

固定资产的特征	为生产商品、提供劳务、出租或经营管理而持有的
	使用寿命(企业使用固定资产的预计期间，或者该固定资产所能生产产品或提供劳务的数量)超过一个会计年度

二、固定资产的确认条件

固定资产的确认条件见表4-2。如果固定资产在存续期间，发生了与固定资产有关的后续支出，而且符合《企业会计准则第4号——固定资产》所规定的确认条件的，应当计入固定资产成本；不符合确认条件的，应当在发生时计入当期损益。

表4-2　固定资产确认条件

固定资产确认条件(同时满足)	与该固定资产有关的经济利益很可能流入企业
	该固定资产的成本能够可靠地计量

三、固定资产确认条件的具体应用

尽管新《企业会计准则》对固定资产的确认比较明确，在会计实务中，仍会有一些特殊的情况。在本小节中，我们将会对一些特殊情况下，是否可以将其确认为固定资产进行具体的分析与说明，详见表4-3。

表 4－3 特殊情况的说明

特殊情况	确认为固定资产进行具体的分析与说明	举例说明
固定资产的各组成部分是否单独确认为固定资产	各组成部分有不同的使用寿命或者以不同的方式为企业提供经济利益，将其各组成部分单独确认为单项固定资产	飞机的引擎，与飞机机身具有不同的使用寿命，从而适用不同的折旧率或折旧方法，则企业应将其单独确认为固定资产
环保与安全设备	虽然不能直接为企业带来经济利益，但有助于企业从相关资产中获得经济利益，或者将减少企业未来经济利益的流出，应将其确认为固定资产	为净化环境或者满足国家有关排污标准的需要购置的环保设备
一些特殊行业专用器材	符合固定资产的定义及其确认条件，就应当确认为固定资产；不符合固定资产的定义或没有满足固定资产的确认条件，就不应当确认为固定资产，而应当作为流动资产进行核算和管理	工业企业持有的工具、模具、管理用具、玻璃用具、玻璃器皿等资产，施工企业持有的模板、挡板、架料等周围材料，以及地质勘探企业持有的管材等资产

第二节 固定资产的初始计量

在学习固定资产的初始计量之前我们需要对一些相关概念进行简单的说明，具体见表 4－4。

表 4－4 固定资产相关说明

相关概念	具体含义	相关说明
固定资产的初始计量	企业取得固定资产时初始成本的确定	准确地计量固定资产的成本，对于体现收入成本匹配原则，合理的分摊固定资产的成本有重要的意义

（续表）

相关概念	具体含义	相关说明
固定资产的成本	企业购建某项固定资产达到预定可使用状态前所发生的一切合理、必要的支出	对于特定行业的特定固定资产，确定其成本时，还应考虑预计弃置费用因素，如核电站核废料的处置等
固定资产的取得方式	主要包括购买、自行建造、融资租入	取得的方式不同，初始计量方法也各不相同

一、外购固定资产

企业外购固定资产的成本，包括购买价款、相关税费、使固定资产达到预定可使用状态前所发生的可归属于该项资产的运输费、装卸费、安装费和专业人员服务费等。外购固定资产分为购入不需要安装的固定资产和购入需要安装的固定资产两类。

(一)购入不需要安装的固定资产

企业购入不需要安装的固定资产，按应计入固定资产成本的金额借记“固定资产”科目，贷记“银行存款”等科目。

(二)购入需要安装的固定资产

购入需要安装的固定资产，先记入“在建工程”科目，达到预定可使用状态时再转入“固定资产”科目。

【例4－1】 2010年5月10日，立兴建筑工程公司购入一台需要安装的注塑成型设备，取得的增值税专用发票上注明设备价款为100 000元，增值税税额为17 000元，为将设备运输到安装地点共支付运输费、装卸费、运输保险费合计3 000元，全部款项已通过银行转账的形式予以支付。

在安装设备时，领用原材料一批，其账面成本为5 000元，未计提存货跌价准备，购进该批原材料时已付的增值税进项税额为850元；应支付安装工人薪酬1 800元。假定不考虑其他相关税费。立兴建筑工程公司应该进行的会计处理如下。

① 支付设备价款、增值税、装卸费合计为120 000元(100 000＋17 000＋3 000)。

借：在建工程　　120 000
　　贷：银行存款　　120 000

② 领用本公司原材料、支付安装工人薪酬等费用合计为 7 650 元（5 000 + 850 + 1 800）。

借：在建工程　　7 650
　　贷：原材料　　5 000
　　　　应交税费——应交增值税（进项税额转出）　　850
　　　　应付职工薪酬　　1 800

③ 设备安装完毕达到预定可使用状态时，该设备的总成本为 127 650 元（120 000 + 7 650）。

借：固定资产　　127 650
　　贷：在建工程　　127 650

（三）外购固定资产的特殊考虑

以一笔款项购入多项没有单独标价的固定资产，应当按照各项固定资产的公允价值比例对总成本进行分配，分别确定各项固定资产的成本。

【例 4－2】 2010 年 5 月 12 日，立兴建筑工程公司一次性购入三台独立运行的设备，这些设备的价款合计为 2 000 000 元，增值税税款为 306 000 元，三套设备的运输费、装卸、保险费合计 4 000 元。这三套设备都具备确认为固定资产的条件，其公允价值分别为 900 000 元、600 000元、500 000 元；不考虑其他相关税费。立兴建筑工程公司的会计处理如下。

① 确定 A、B 和 C 这三套设备的成本分配比例。

A 设备的成本分配比例 = 900 000 ÷ (900 000 + 600 000 + 500 000) = 45%；

B 设备的成本分配比例 = 600 000 ÷ (900 000 + 600 000 + 500 000) = 30%；

C 设备的成本分配比例 = 500 000 ÷ (900 000 + 600 000 + 500 000) = 25%。

② 确定应计入固定资产成本的总金额，包括买价、包装费及增值税税额等，应计入固定资产成本的金额 = 2 000 000 + 306 000 + 4 000 = 2 310 000（元）。

③ 确定设备A、B和C各自的入账价值。

A设备的入账价值＝2 310 000×45%＝1 039 500（元）；

B设备的入账价值＝2 310 000×30%＝693 000（元）；

C设备的入账价值＝2 310 000×25%＝577 500（元）。

④ 编制会计分录。

借：固定资产——A	1 039 500	
——B	693 000	
——C	577 500	
贷：银行存款		2 310 000

（四）由于延期付款需要支付利息的核算

有时，企业购买固定资产的价款有可能会延期支付。购入固定资产超过正常信用条件延期支付价款、实质上具有融资性质的，按应付购买价款的现值，借记“固定资产”科目或“在建工程”科目，按应支付的金额，贷记“长期应付款”科目，按其差额，借记“未确认融资费用”科目。

【例4－3】 2007年1月1日，甲公司与乙公司签订一项购货合同，从乙公司购入一台需要安装的大型机器设备，收到的增值税专用发票上注明的设备价款为9 000 000元，增值税税额为1 530 000元。合同约定，甲公司于2007～2011年5年内，每年的12月31日支付2 106 000元。2007年1月1日，甲公司收到该设备并投入安装，发生保险费、装卸费等7 000元；2007年12月31日，该设备安装完毕达到预定可使用的状态，共发生安装费50 000元，款项均以银行存款支付。假定甲公司综合各方面因素后决定采用10%作为折现率，不考虑其他因素。甲公司的账务处理如下。

① 2007年1月1日，确定购入固定资产成本的金额，包括购买价款、增值税税额、保险费、装卸费等。

今后5年每年末支付2 106 000元，相当于一笔5年期，利率为10%的年金，该年金的现值系数为：

年金系数＝$1\div(1+10\%)+1\div(1+10\%)^2+1\div(1+10\%)^3+1\div(1+10\%)^4+1\div(1+10\%)^5\approx3.7908$。

购入固定资产成本 = 2 106 000 × 3.7908 + 7 000 = 7 990 424.8（元）。

借：在建工程　　7 990 424.8

　　未确认融资费用　　2 539 575.2

　　贷：长期应付款　　10 530 000

② 2007 年度发生安装费用 50 000 元。

借：在建工程　　50 000

　　贷：银行存款　　50 000

③ 确定未确认融资费用在信用期间的分摊额，见表 4－5。

表 4－5　未确认融资费用分摊表

日期	分期付款额	确认的融资费用	应付本金减少额	应付本金余额
	(1)	(2) = 期初 (4) × 10%	(3) = (1) − (2)	(4) = 期初 (4) − (3)
2007 年 1 月 1 日				7 990 424.80
2007 年 12 月 31 日	2 106 000	799 042.48	1 306 957.52	6 683 467.28
2008 年 12 月 31 日	2 106 000	668 346.73	1 437 653.27	5 245 814.01
2009 年 12 月 31 日	2 106 000	524 581.40	1 581 418.60	3 664 395.41
2010 年 12 月 31 日	2 106 000	366 439.54	1 739 560.46	1 924 834.95
2011 年 12 月 31 日	2 106 000	181 165.05	1 924 834.95	0.00
合计	10 530 000	2 539 575.20	7 990 424.80	0.00

④ 2007 年 12 月 31 日，分摊未确认融资费用、结转工程成本、支付款项。

借：在建工程　　799 042.48

　　贷：未确认融资费用　　799 042.48

借：固定资产　　8 839 467.28

　　贷：在建工程　　8 839 467.28

借：长期应付款　　2 106 000

　　贷：银行存款　　2 106 000

⑤ 2008 年 12 月 31 日，分摊未确认融资费用、支付款项。

借：财务费用　　668 346.73

　　贷：未确认融资费用　　668 346.73

借：长期应付款　　2 106 000

贷：银行存款　　2 106 000

2009～2011年分摊未确认融资费用、支付款项的账务处理比照2008年的相关财务处理。

二、自行建造固定资产

自行建造的固定资产，按建造该项资产达到预定可使用状态前所发生的必要支出，作为入账价值。其中，"建造该项资产达到预定可使用状态前所发生的必要的支出"，包括工程用物资成本、人工成本、交纳的相关税费、应予资本化的借款费用以及应分摊的间接费用等。企业为在建工程准备的各种物资，应按实际支付的购买价款、增值税税额、运输费、保险费等相关税费，作为实际成本，并按各种专项物资的种类进行明细核算。应计入固定资产成本的借款费用，应当按照"借款费用"的有关规定处理。企业的自营工程，应当按照直接材料、直接人工、直接机械施工费等计量；采用出包工程方式的企业，按照应支付的工程价款等计量。设备安装工程，按照所安装设备的价值、工程安装费用、工程试运转等所发生的支出等确定工程成本。

（一）自营工程

企业自营工程主要通过"工程物资"和"在建工程"科目进行核算。具体的核算内容和借贷方处理见表4－6。

表4－6　会计核算科目

会计科目	核算内容	借贷方内容	明细科目的设置
工程物资	核算用于基建工程、更改工程和大修理工程准备的各种物资的实际成本，包括为工程准备的材料、尚未交付安装的需要安装设备的实际成本，以及预付大型设备款和基本建设期间根据项目概算购入为生产准备的工具及器具等的实际成本	借方登记增加的工程物资的实际成本，贷方登记减少（包括工程领用、转作生产用料、对外出售、盘亏毁损等）的工程物资的实际成本，余额在借方，反映企业为工程购入但尚未领用的专用材料的实际成本、购入需要安装设备的实际成本，以及为生产准备但尚未交付的工具及器具的实际成本等	按专用材料、专用设备、预付大型设备款、为生产准备的工具及器具设置明细科目

（续表）

会计科目	核算内容	借贷方内容	明细科目的设置
在建工程	核算企业为基建工程、安装工程、技术改造工程、大修理工程所发生的实际支出，以及改扩建工程等转入的固定资产净值	借方登记工程的各项支出，贷方登记工程完工转作固定资产的成本，余额在借方，反映企业尚未完工的基建工程发生的各项实际支出	按建筑工程、安装工程、在安装设备、技术改造工程、大修理工程、其他支出设置明细科目

1. 工程物资的核算

与工程物资相关业务的会计处理见表4－7。

表4－7 工程物资的核算

相关业务	相关会计处理
企业购入为工程准备的物资	借记“工程物资”（专用材料、专用设备），贷记“银行存款”、“应付账款”、“应付票据”等科目
为购置大型设备而预付款	借记“工程物资”（预付大型设备款），贷记“银行存款”科目
收到设备并补付设备价款	借记“工程物资”（专用设备），按预付的价款，贷记“工程物资”（预付大型设备款），按补付的价款，贷记“银行存款”等科目
工程领用工程物资	借记“在建工程”科目，贷记“工程物资”（专用材料等）
工程完工后对领出的剩余工程物资应当办理退库手续	作上述相反的会计分录
工程完工，将为生产准备的工具及器具交付生产使用	借记“低值易耗品”科目，贷记“工程物资”（为生产准备的工具及器具）
工程完工后剩余的工程物资，如转作本企业存货的	借记“原材料”科目，按可抵扣的增值税进项税额，借记“应交税费——应交增值税（进项税额）”科目，按转入存货的剩余工程物资的账面余额，贷记“工程物资”；如工程完工后剩余的工程物资对外出售的，应先结转工程物资的进项税额，借记“应交税费——应交增值税（进项税额）”科目，贷记“工程物资”，出售时，应确认收入并结转相应的成本

（续表）

相关业务	相关会计处理
盘盈、盘亏、报废、毁损的工程物资	减去保险公司、过失人赔偿部分，工程项目尚未完工的，计入或冲减所建工程项目的成本；工程已经完工的，计入营业外收支

2. 在建工程的核算

与在建工程相关业务的会计处理见表4－8。

表4－8 在建工程的相关会计处理

相关业务	会计处理
领用工程用材料物资	借记“在建工程”（建筑工程、安装工程等——××工程），贷记“工程物资”科目
基建工程领用本企业外购生产经营用原材料的，应按原材料的实际成本加上不能抵扣的增值税进项税额	借记“在建工程”（建筑工程、安装工程等——××工程），按原材料的实际成本或计划成本，贷记“原材料”科目，按不能抵扣的增值税进项税额，贷记“应交税费——应交增值税（进项税额转出）；采用计划成本进行材料日常核算的企业，还应当分摊材料成本差异
基建工程领用本企业的商品产品以及委托加工收回的材料物资	借记“在建工程”（建筑工程、安装工程——××工程），按应交的相关税费，贷记“应交税费——应交增值税（销项税额）”科目，并贷记“库存商品”等科目
基建工程应负担的职工工资	借记“在建工程”（建筑工程、安装工程——××工程），贷记“应付职工薪酬”科目
企业的辅助生产部门为工程提供的水、电、设备安装、修理、运输等	借记“在建工程”（建筑工程、安装工程等——××工程），贷记“生产成本——辅助生产成本”科目
基建工程发生的工程管理费、征地费、可行性研究费、临时设施费、公证费、监理费等	借记“在建工程”（其他支出），贷记“银行存款”等科目；基建工程应负担的税金，借记“在建工程”（其他支出），贷记“银行存款”等科目

（续表）

相关业务	会计处理
由于自然灾害等原因造成的单项工程或单位工程报废或毁损	减去残料价值和过失人或保险公司等赔款后的净损失，报经批准后计入继续施工的工程成本，借记“在建工程”（其他支出）科目，贷记本科目（建筑工程、安装工程等——××工程）；如为非正常原因造成的报废或毁损，或在建工程项目全部报废或毁损，应将其净损失直接计入当期营业外支出
工程物资在建设期间发生的盘亏、报废及毁损	报经批准后，借记“在建工程”科目，贷记“工程物资”科目；盘盈的工程物资或处置收益，作相反的会计分录
基建工程达到预定可使用状态前进行负荷联合试车发生的费用	借记“在建工程”（其他支出），贷记“银行存款”、“库存商品”等科目
获得的联合试车收入或按预计售价将能对外销售的产品转为库存商品	作上述相反会计分录
基建工程完工后应当进行清理，已领出的剩余材料应当办理退库手续	借记“工程物资”科目，贷记“在建工程”科目

注：基建工程完工交付使用时，企业应当计算各项交付使用固定资产的成本，编制交付使用固定资产明细表。

企业应当设置“在建工程其他支出备查簿”，专门登记基建项目发生的构成项目概算内容但不通过“在建工程”科目核算的其他支出，包括按照建设项目概算内容购置的不需要安装设备、现成房屋、无形资产以及发生的递延费用等。企业在发生上述支出时，应当通过“固定资产”、“无形资产”和“长期待摊费用”科目核算。但同时应在“在建工程其他支出备查簿”中进行登记。

【例4－4】 A企业自行建造仓库一座，购入为工程准备的各种物资20 000元，支付的增值税额为3 400元，实际领用工程物资(含增值税)21 060元，剩余物资转作企业存货；另外还领用了企业生产用的原材料一批，实际成本为3 000元，应转出的增值税为510元；支付工程人员工资5 000元，企业辅助生产车间为工程提供有关劳务支出1 000元，工程完工交付使用。有关会计处理如下。

① 购入为工程准备的物资：

借：工程物资	23 400	
贷：银行存款		23 400

② 工程领用物资：

借：在建工程——仓库	21 060	
贷：工程物资		21 060

③ 工程领用原材料：

借：在建工程——仓库	3 510	
贷：原材料		3 000
应交税费——应交增值税(进项税额转出)		510

④ 支付工程人员工资：

借：在建工程——仓库	5 000	
贷：应付职工薪酬		5 000

⑤ 辅助生产车间为工程提供的劳务支出：

借：在建工程——仓库	1 000	
贷：生产成本——辅助生产成本		1 000

⑥ 工程完工交付使用：

借：固定资产	30 570	
贷：在建工程——仓库		30 570

⑦ 剩余工程物资转作企业存货：

借：原材料	2 000	
应交税费——应交增值税(进项税额)	340	
贷：工程物资		2 340

(二)出包工程

企业采用出包方式进行的自制、自建固定资产工程，其工程的具体支出在承包单位核算，在这种方式下，“在建工程”科目实际成为企业与承包单位的结算科目，企业将与承包单位结算的工程价款作为工程成本，通过“在建工程”科目核算。与出包工程相关业务的会计处理见表4－9。

表4－9 出包工程的会计核算

相关业务	会计处理
企业应按合同规定向承包企业预付工程款、备料款	借记“在建工程”(建筑工程、安装工程等——××工程)，贷记“银行存款”科目
以拨付给承包企业的材料抵作预付备料款	借记“在建工程”(建筑工程、安装工程等——××工程)，贷记“工程物资”科目
将需要安装设备交付承包企业进行安装	借记“在建工程”(在安装设备)，贷记“工程物资”科目
与承包企业办理工程价款结算时，补付的工程款	借记“在建工程”(建筑工程、安装工程等——××工程)，贷记“银行存款”、“应付账款”等科目

企业采用出包方式建造固定资产发生的、需分摊计入固定资产价值的待摊支出，应按下列公式进行分摊：

待摊支出分配率＝累计发生的待摊支出/(建筑工程支出＋在安装设备支出)×100%

某工程应分配的待摊支出＝某工程的建筑工程支出、安装工程支出和在安装设备支出合计×分配率

【例4－5】 甲公司经批准新建一个火电厂，包括建造发电车间、冷却塔、安装发电设备等3个单项工程。2010年2月1日，甲公司与乙公司签订合同，将火电厂新建工程出包给乙公司。双方约定，建造发电车间的价款为5 000 000元，建造冷却塔的价款为2 800 000元，安装发电设备的安装费用为450 000元。其他有关资料如下：

①2010年2月1日，甲公司向乙公司预付建造发电车间的工程价款3 000 000元。

②2010年5月8日，购买发电设备支付3 800 000元。

③2010年7月2日，甲公司向乙公司预付建造冷却塔的工程价款1 400 000元。

④2010年7月22日，甲公司将发电设备运抵现场，交付乙公司安装。

⑤工程项目发生管理费、可行性研究费、公证费、监理费共计116 000元，款项已经支付。

⑥工程建造期间，由于台风造成冷却塔工程部分毁损，经核算，损失为450 000元，保险公司已承诺支付300 000元。

⑦2010年12月20日，所有工程完工，甲公司收乙公司的有关工程结算单据后，补付剩余工程款。

甲公司的账务处理如下。

①2010年2月1日，预付建造发电车间工程款：

借：预付账款——建筑工程(发电车间)　3 000 000

　　贷：银行存款　3 000 000

②2010年5月8日，购入发电设备：

借：工程物资——发电设备　3 800 000

　　贷：银行存款　3 800 000

③2010年7月2日，预付建造冷却塔工程款：

借：预付账款——建筑工程(冷却塔)　1 400 000

　　贷：银行存款　1 400 000

④2010年7月22日，将发电设备交乙公司安装：

借：在建工程——在安装设备(发电设备)　3 800 000

　　贷：工程物资——发电设备　3 800 000

⑤支付工程发生的管理费、可行性研究费、公证费、监理费：

借：在建工程——待摊支出　116 000

　　贷：银行存款　116 000

⑥台风造成冷却塔工程部分毁损：

借：营业外支出　　150 000
　　其他应收款　　300 000
　　贷：在建工程——建筑工程（冷却塔）　　450 000

⑦ 2010 年 12 月 20 日，结算工程款并补付剩余工程款：

借：在建工程——建筑工程（发电车间）　　5 000 000
　　　　　　——建筑工程（冷却塔）　　2 800 000
　　　　　　——安装工程（发电车间）　　450 000
　　贷：银行存款　　3 850 000
　　　　预付账款——建筑工程（发电车间）　　3 000 000
　　　　　　　　——建筑工程（冷却塔）　　1 400 000

⑧ 分摊待摊支出：

待摊支出分配率 = 116 000 ÷（5 000 000 + 2 800 000 − 450 000 + 3 800 000 + 450 000）× 100% = 1%；

发电车间应分配的待摊支出 = 5 000 000 × 1% = 50 000（元）；

冷却塔应分配的待摊支出 =（2 800 000 − 450 000）× 1% = 23 500（元）；

发电设备（安装工程）应分配的待摊支出 = 450 000 × 1% = 4 500（元）；

发电设备（在安装设备）应分配的待摊支出 = 3 800 000 × 1% = 38 000（元）。

借：在建工程——建筑工程（发电车间）　　50 000
　　　　　　——建筑工程（冷却塔）　　23 500
　　　　　　——安装工程（发电设备）　　4 500
　　　　　　——在安装设备（发电设备）　　38 000
　　贷：在建工程——待摊支出　　116 000

⑨ 结转固定资产：

借：固定资产——发电车间　　5 050 000
　　　　　　——冷却塔　　2 373 500
　　　　　　——发电设备　　4 292 500
　　贷：在建工程——建筑工程（发电车间）　　5 050 000
　　　　　　　　——建筑工程（冷却塔）　　2 373 500
　　　　　　　　——安装工程（发电设备）　　454 500
　　　　　　　　——在安装设备（发电设备）　　3 838 000

三、融资租入固定资产

融资租赁，是指实质上转移了与资产所有权有关的全部风险和报酬的租赁。其所有权最终可能转移，也可能不转移。企业与出租人签订的租赁合同是否应该认定为融资租资合同，不在于租赁合同的形式，而应视出租人是否将租赁资产的风险的报酬转移给了承租人而定。如果实质上转移了与资产所有权有关的全部风险和报酬，则该项租赁应认定为融资租赁；如果实质上并没有转移与资产所有权有关的全部风险和报酬，则该项租赁应认定为经营租赁。

企业采用融资租赁方式租入的固定资产，虽然在法律形式上资产的所有权在租赁期间仍然属于出租人，但由于资产的租赁期基本上包括了资产的有效使用年限，承租企业实质上获得了租赁资产所能提供的主要经济利益，同时承担了与资产所有权有关的风险。因此，承租企业应将融资租入资产作为一项固定资产入账，同时确认相应的负债，并采用与自有应折旧资产相一致的折旧政策计提折旧。

为与企业自有固定资产相区别，企业应对融资租入固定资产单设“融资租入固定资产”明细科目进行核算。融资租入固定资产的会计处理见表 4 –10。

表 4 –10　融资租入固定资产的会计处理

会计事项	会计处理
在租赁期开始日	将租赁开始日租赁资产的公允价值与最低租赁付款额现值两者中较低者，加上在租赁谈判和租合同过程中发生过的、可直接归属于租赁项目的手续费、律师费、差旅费、印花税等初始直接费用，作为租入资产的入账价值，借记“固定资产——融资租入固定资产”科目；按最低租赁付款额，贷记“长期应付款”科目；按发生的初始直接费用，贷记“银行存款”、“库存现金”等科目；按其差额，借记“未确认融资费用”科目
每期支付租金费用	借记“长期应付款”科目，贷记“银行存款”科目
支付的租金中包含履约成本	按履约成本金额，借记“制造费用”、“管理费用”等科目，贷记“银行存款”科目

（续表）

会计事项	会计处理
每期采用实际利率法分摊未确认融资费用	按当期应分摊的未确认融资费用金额，借记“财务费用”科目，贷记“未确认融资费用”科目
租赁期届满	如合同规定将租赁资产所有权转归承租企业的，企业应进行转账，将固定资产从“融资租入固定资产”明细科目转入有关明细科目

采用实际利率法分摊未确认融资费用时，分摊率的确定见表4－11。

表4－11 采用实际利率法分摊未确认融资费用时，分摊率的确定

采用实际利率法分摊未确认融资费用时，分摊率的确定	以出租人租赁内含利率作为折现率将最低租赁付款额折现，且以该现值作为租赁资产入账价值的，应当将租赁内含利率作为未确认融资费用的分摊率
	以合同规定利率作为折现率将最低租赁付款额折现，且以该现值作为租赁资产入账价值的，应当将合同规定利率作为未确认融资费用的分摊率
	以银行同期贷款利率作为折现率将最低租赁付款额折现，且以该现值作为租赁资产入账价值的，应当将银行同期贷款利率作为未确认融资费用的分摊率
	以租赁资产公允价值作为入账价值的，应当重新计算分摊率，该分摊率是使最低租赁付款额的现值等于租赁资产公允价值的折现率

如果一项租赁在实质上没有转移与租赁资产所有权有关的全部风险和报酬，那么该项租赁应认定为经营租赁。在经营租赁方式下，由于与租赁资产所有权有关的全部风险和报酬实质上并没有转移给承租企业，因此，承租企业不需承担该租赁资产的主要风险。其会计处理比较简单，不需将所取得的经营租赁固定资产的使用权资本化，相应地，也不必将所承担的付款义务列作负债。

【例4-6】 2008年1月1日，甲公司从乙租赁公司采用经营租赁方式租入一台办公设备，租赁期为3年。该办公设备价值为1 000 000元，预计使用年限为10年。租赁合同规定：租赁期开始日为2008年1月1日，甲公司预付租金150 000元，第1年年末支付租金150 000元，第2年年末支付租金200 000元，第3年年末支付租金250 000元；租赁期满，乙租赁公司收回办公设备，3年的租金总额为750 000元。假设甲公司在每年年末确认租金费用，并按时支付租金。

甲公司的账务处理如下。

① 2008年1月1日，支付租金：

借：长期待摊费用	150 000	
贷：银行存款		150 000

② 2008年12月31日，确认租金费用：

每年应确认的租金费用 = 750 000 ÷ 3 = 250 000（元）。

借：管理费用	250 000	
贷：长期待摊费用		100 000
银行存款		150 000

③ 2009年12月31日，确认租金费用：

借：管理费用	250 000	
贷：长期待摊费用		50 000
银行存款		200 000

④ 2010年12月31日，确认租金费用：

借：管理费用	250 000	
贷：银行存款		250 000

四、存在弃置费用的固定资产

对于特殊行业的特定固定资产，确定其初始入账成本时还应考虑弃置费用。弃置费用通常是指根据国家法律和行政法规、国际公约等规定，企业承担的环境保护和生态恢复等义务所确定的支出，如核电站核设施等的弃置和恢复环境等义务。

对于特殊行业的特定固定资产，企业应当按照弃置费用的现值计入相关固定资产的成本。石油天然气开采企业应当按照油气资产的弃置费用现值计入相关油气资产的成本。在固定资产或油气资产的使用寿命内，按照预计负债的摊余成本和实际利率计算确定的利息费用，应当在发生时计入财务费用。

一般工商企业的固定资产发生的报废清理费用，不属于弃置费用，应当在发生时作为固定资产处置费用处理。

【例4-7】 甲公司主要从事化工产品的生产和销售。2007年12月31日，甲公司一套化工产品生产线达到预定可使用状态并投入使用，预计使用寿命为15年。根据有关法律，甲公司在该生产线使用寿命届满时应对环境进行复原，预计将发生弃置费用2 000 000元。甲公司采用的折现率为10%。甲公司与弃置费用有关的账务处理如下。

①2007年12月31日，按弃置费用的现值计入固定资产原价：

弃置费用的现值 $=2\ 000\ 000\div(1+10\%)^{15}\approx 478\ 800$（元）。

借：固定资产　　478 800

　　贷：预计负债　　478 800

②2008年12月31日~2022年12月31日利息费用的计算见表4-12。

表4-12　利息费用计算表

年度	利息费用 (1)=(2)×10%	预计负债账面价值 上期(2)+(1)
2007年		478 800.00
2008年	47 880.00	526 680.00
2009年	52 668.00	579 348.00
2010年	57 934.80	637 282.80
2011年	63 728.28	701 011.08
2012年	70 101.11	771 112.19
2014年	84 822.34	933 045.75
2015年	93 304.57	1 026 350.32

（续表）

年度	利息费用	预计负债账面价值
	(1) = (2) ×10%	上期(2) + (1)
2016 年	102 635.03	1 128 985.35
2017 年	112 898.54	1 241 883.89
2018 年	124 188.39	1 366 072.28
2019 年	136 607.23	1 502 679.51
2020 年	150 267.95	1 652 947.46
2021 年	165 294.75	1 818 242.20
2022 年	181 757.78	2 000 000.00

2008 年 12 月 31 日，确认利息费用的账务处理如下：

借：财务费用　　47 880

　　贷：预计负债　　47 880

2009 ~ 2022 年，确认利息费用的账务处理比照 2008 年的相关账务处理。

固定资产的入账价值中，还应包括企业为取得固定资产而交纳的契税、耕地占用税、车辆购置税等相关税费。企业购置计算机硬件所附带的、未单独计价的软件，应与所购置的计算机硬件一并作为固定资产管理。如涉及借款，还应考虑相关的借款费用资本化金额、外币借款折算差额等因素。

五、其他方式取得的固定资产

其他方式取得的固定资产的相关规定见表 4 – 13。

表 4 – 13　其他方式取得的固定资产

其他方式取得的固定资产	相关规定
投资者投入固定资产的成本	按照投资合同或协议约定的价值确定，但合同或协议约定价值不公允的除外

（续表）

其他方式取得的固定资产	相关规定
非货币性资产交换、债务重组等方式取得的固定资产的成本	分别按照“非货币性资产交换”、“债务重组”的有关规定确定

第三节　固定资产折旧

一、固定资产折旧的概念与类别

（一）固定资产折旧的相关概念

固定资产折旧的相关概念见表4－14。

表4－14　固定资产折旧的相关概念

相关概念	具体含义
固定资产折旧	在固定资产使用寿命内，按照确定的方法对应计折旧额进行系统分摊
使用寿命	企业使用固定资产的预计期间，或者该固定资产所能生产产品或提供劳务的数量
应计折旧额	应当计提折旧的固定资产的原价扣除其预计净残值后的金额
预计净残值	假定固定资产预计使用寿命已满并处于使用寿命终了时的预期状态，企业目前从该项资产处置中获得的扣除预计处置费用后的金额

（1）造成折旧的原因有两种，一种叫有形损耗，一种叫无形损耗。有形损耗就是自然磨损，而无形损耗是因为科技进步、顾客爱好的变化等带来的。比如电脑更新换代非常快，可能一台电脑两年后就已跟不上时代潮流了，并且因此贬值。

(2)企业应当根据固定资产的性质和使用情况，合理确定固定资产的使用寿命和预计净残值。固定资产的使用寿命、预计净残值一经确定，不得随意变更。

(3)固定资产折旧的会计核算，实际上就是固定资产的成本在多个会计期间进行分摊的问题。这个问题的关键是在固定资产的使用年限内，每期摊多少，也就是把其价值在一个会计期间内分摊多少作为费用，计入成本。

(二)固定资产折旧应考虑的因素

计算固定资产折旧时应该考虑的要素有四个，具体见表4－15。

表4－15　计算每期折旧费用的四个要素

要素	具体内容
计提折旧基数	计提固定资产折旧的基数是固定资产的原始价值或固定资产的账面净值。一般以固定资产的原值作为计提折旧的依据，选用双倍余额递减法的企业，以固定资产的账面净值作为计提折旧的依据
固定使用寿命	折旧年限长短直接关系到折旧率的高低，它是影响企业计提折旧额的关键因素。企业在确定固定资产的使用寿命时，主要考虑因素：① 预计生产能力或实物产量；② 预计有形损耗或无形损耗；③ 法律或者类似规定对资产使用的限制
折旧方法	企业折旧方法不同，在一个会计期间所计提的折旧额相差很大
固定资产净残值	固定资产净残值由预计固定资产清理报废时可以收回的残值扣除预计清理费用后得出

(三)固定资产计提折旧的范围

不提折旧的固定资产情况有两种，具体见表4－16。

表4－16　可以不计提折旧的情况

企业应对所有固定资产计提折旧除外的情况	已提足折旧仍继续使用的固定资产
	按照规定单独估价作为固定资产入账的土地

提足折旧，是指已经提足该项固定资产的应计折旧额。已达到预定可使用状态但尚未办理竣工决算的固定资产，应当按照估计价值确定其成本，并计提折旧；待办理竣工决算后，再按照实际成本调整原来的暂估价值，但不需要调整原已计提的折旧额。

融资租入的固定资产，应当采用与自有应计提折旧资产相一致的折旧政策。能够合理确定租赁期届满时将会取得租赁资产所有权的，应当在租赁资产尚可使用年限内计提折旧；无法合理确定租赁期届满时能否取得租赁资产所有权的，应当在租赁期与租赁资产尚可使用年限两者中较短的期间内计提折旧。

处于更新改造过程停止使用的固定资产，应将其账面价值转入在建工程，不再计提折旧。更新改造项目达到预定可使用状态转为固定资产后，再按照重新确定的折旧方法和该项固定资产尚可使用寿命计提折旧。因进行大修理而停用的固定资产，应当照提折旧，计提的折旧额应计入相关资产成本或当期损益。

(四)固定资产计提折旧的开始和终止

有关固定资产计提折旧的开始和终止的规定见表4－17。

表4－17　固定资产折旧的计提

固定资产计提折旧	应当按月计提折旧，当月增加的固定资产，当月不计提折旧，从下月起计提折旧；当月减少的固定资产，当月仍然计提折旧，从下月起不再计提折旧
	已达到预定可使用状态但尚未办理竣工决算的固定资产，应当按照估计价值确定其成本，并计提折旧；待办理竣工决算后，再按实际成本调整原来的暂估价值，但不需要调整原已计提的折旧额
	提足折旧后，不论能否继续使用，均不再计提折旧；提前报废的固定资产，也不再补提折旧

注：应计折旧额，是指应当计提折旧的固定资产的原价扣除其预计净残值后的金额。已计提减值准备的固定资产，还应当扣除已计提的固定资产减值准备累计金额。

二、固定资产折旧的计算方法

固定资产折旧方法可以采用年限平均法、工作量法、双倍余额递减法、年数总和法等。折旧方法一经确定，不得随意变动。如需变更，应当在会计报表附注中予以说明。

(一)平均年限法

平均年限法是指将固定资产的可折旧价值平均分摊于其可折旧年限内的一种方法。这种方法适用于在各个会计期间使用程度比较均衡的固定资产。其计算公式为：

年折旧额＝(固定资产原值－预计净残值)/预计使用年限

月折旧额＝年折旧额÷12

【例4－8】 立兴建筑工程公司一台生产用设备原值为30 000元，预计清理费为1 200元，而预计残值为3 000元。使用年限为4年。那么用平均年限法怎么算折旧额？

年折旧额＝[30 000－(3 000－1 200)]÷4＝(30 000－1 800)÷4＝7 050(元)；

月折旧额＝7 050÷12＝587.50(元)。

此项折旧应计入“制造费用”，因为那是生产用的，所以每月的分录如下：

借：制造费用　　587.50

　　贷：累计折旧　　587.50

(二)工作量法

工作量法又称作业量法，是根据固定资产在使用期间完成的总的工作量平均计算折旧的一种方法。工作量法和平均年限法都是平均计算折旧的方法，都属直线法。其计算公式为：

单位工作量折旧额＝(固定资产原值－预计净残值)÷预计总工作量＝固定资产原值×(1－预计净残值率)÷预计总工作量

月折旧额＝单位工作量折旧额×当月实际完成工作量

在会计实务中，工作量法广泛应用于以下三种方式：第一种，按照工作小时计算折旧；第二种，按行驶里程计算折旧；第三种按台班计算折旧。

【例 4 -9】 华光电器厂购置一台专用机床，价值 200 000 元，预计总工作小时数为 300 000 小时，预计净残值为 20 000 元，购置的当年便工作了 2 400 小时，则有：

每小时折旧额 =(200 000 - 20 000) ÷ 300 000 = 0.6(元/小时)；

当年的折旧额 = 2 400 × 0.6 = 1 440(元)。

工作量法实际上也是直线法，它把产量与成本相联系，也就是把收入与费用相配。于是年末计提折旧时的会计分录如下：

借：制造费用　　1 440

　　贷：累计折旧　　1 440

【例 4 -10】 A 公司有经理用的小汽车一辆，原值为 150 000 元，预计净残值率为 5%，预计总行驶里程为 600 000 公里，当月行驶里程为 3 000 公里，该项固定资产的月折旧额计算如下：

单位里程折旧额 = (150 000 - 150 000 × 5%) ÷ 600 000 = 0.2375 (元/公里)；

本月折旧额 = 3 000 × 0.2375 = 712.50(元)。

因为这辆车是企业管理者作为管理用的，所以会计分录如下：

借：管理费用　　712.50

　　贷：累计折旧　　712.50

(三) 双倍余额递减法

双倍余额递减法是加速折旧法的一种，该方法在每年年初，依据固定资产的期初账面净值，按照直线折旧法所得的折旧率的 2 倍确定当年应计提的折旧的金额。在计算折旧率时通常不考虑固定资产残值。当固定资产的预计使用年限到达最后 2 年时，将其账面净值平分，作为最后两年应计提的折旧金额。其计算公式为：

年折旧率(双倍直线折旧率) = (2 ÷ 预计使用年限) × 100%

年折旧额 = 期初固定资产账面净值 × 双倍直线折旧率

最后两年应计提的折旧金额 =(期初固定资产账面净值 - 净残值) ÷2

采用双倍余额递减法时，应注意的内容见表 4 - 18。

表 4 - 18　采用双倍余额递减法时，应注意的两点

注意事项	处理办法
由于每年的折旧额是递减的，因而可能出现某年按双倍余额递减法所提折旧额小于按直线法计提的折旧额	当这一情况在某一折旧年度出现时，应换为按直线法计提折旧
各年计提折旧后，固定资产账面净值不能小于预计净残值	在可能出现此现象的那一年转换为直线法，即将当年年初的固定资产账面净值减去预计净残值，其差额在剩余的使用年限中平均摊销。但在实际工作中，企业一般采用简化的办法，在固定资产预计耐用年限到期前两年转换成直线法

【例 4 - 11】 A 公司购入一部自动化生产线，安装完毕后，固定资产原值为 200 000 元，预计使用年限为 5 年，预计净残值收入 8 000 元。该生产线按双倍余额递减法计算各年的折旧额如下：

双倍直线折旧率 = 2 ÷ 5 × 100% = 40%；

第一年应提折旧 = 200 000 × 40% = 80 000(元)；

第二年应提折旧 = (200 000 - 80 000) × 40% = 48 000(元)；

第三年应提折旧 = (200 000 - 80 000 - 48 000) × 40% = 28 800(元)；

第四年应提折旧 = (200 000 - 80 000 - 48 000 - 28 800 - 8 000) ÷ 2 = 17 600(元)；

第五年应提折旧 = (200 000 - 80 000 - 48 000 - 28 800 - 8 000) ÷ 2 = 17 600(元)。

可以看出折旧率 40% 是固定不变的。而每一期的期初账面余额是上一期的期末账面余额，每一期的折旧额都是递减的，但累计折旧总额却在增加。等到使用期的最后两年时，把此时的固定资产的账面价值减去预估的残值，进行均分便是最后两年每一年的折旧额。

（四）年数总和法

年数总和法是以固定资产的原值减去预计净残值后的净额为基数，以一个逐年递减的分数为折旧率，计算各年固定资产折旧额的一种折旧方法。

年数总和法的各年折旧率，是以固定资产尚可使用年限作分子，以固定资产使用年限的逐年数字之和作分母。假定固定资产使用年限为 n 年，分母即为 $1+2+3+\cdots\cdots+n=n(n+1)\div2$。计算公式为：

年折旧率＝尚可使用年限÷预计使用年限的逐年数字总和

年折旧额＝（固定资产原值－预计净残值）×年折旧率

月折旧额＝（固定资产原值－预计净残值）×月折旧率

【例 4－12】 韵美公司一台小型机床，原值为 50 000 元，预计使用年限为 5 年，预计净残值为 2 000 元。分别用直线法、双倍余额递减法和年数总和法这三种方法计提折旧，见表 4－19。

表 4－19 三种折旧计提方法的比较

单位：元

年份	比较项目	直线法	双倍余额递减法	年数总和法
第 1 年	当年折旧基数	48 000	50 000	48 000
	年折旧率	1/5＝20%	2/5＝40%	5/(1＋2＋3＋4＋5)
	折旧额	9 600	20 000	16 000
第 2 年	当年折旧基数	48 000	30 000	48 000
	年折旧率	1/5＝20%	2/5＝40%	4/(1＋2＋3＋4＋5)
	折旧额	9 600	12 000	12 800
第 3 年	当年折旧基数	48 000	18 000	48 000
	年折旧率	1/5＝20%	2/5＝40%	3/(1＋2＋3＋4＋5)
	折旧额	9 600	7 200	9 600
第 4 年	当年折旧基数	48 000	8 800	48 000
	年折旧率	1/5＝20%	0.5	2/(1＋2＋3＋4＋5)
	折旧额	9 600	4 400	6 400

（续表）

年份	比较项目	直线法	双倍余额递减法	年数总和法
第5年	当年折旧基数	48 000	8 800	48 000
	年折旧率	1/5＝20%	0.5	1/(1＋2＋3＋4＋5)
	折旧额	9 600	4 400	3 200

注：双倍余额递减法计算折旧，初期不考虑净残值，在最后2年才涉及净残值，且平摊剩余的净额。

由表4－19得：

① 直线法折旧，折旧额每年都相等。其余两种方法，双倍余额递减法是折旧率不变，余额递减，相乘后得出递减的折旧额；而年数总和法是用递减的折旧率乘以固定的基数，也得出递减的折旧额。

② 双倍余额递减法，在使用的最后2年，用原值减去累计折旧再减去净残值后的额，二一添作五，分别平摊在最后2年，最后两年不涉及折旧率的问题。

③ 5年后，每种方法的账面都会剩余净残值2 000元。

第四节　固定资产后续支出

固定资产后续支出，是指固定资产在使用过程中发生的更新改造支出、修理费用等。企业的固定资产投入使用后，为了适应新技术发展的需要，或者为维护或提高固定资产的使用效能，往往需要对现有固定资产进行维护、改建、扩建或者改良。

一、资本化的后续支出

企业将固定资产进行更新改造的，如符合资产化的条件，应将固定资产的原价、已计提的累计折旧和减值准备转销，将其账面价值转入在建工程，并停止计提折旧。固定资产发生的可量化的后续支出，通过“在建工程”科目核算。待更新改造等工程完工并达到预定可使用状态时，再从在建工程转为固定资产，并按重新确定的使用寿命、预计净残值和折旧方法计提折旧。

【例4-13】 立兴建筑工程公司是一家从事金属产品制造的企业，2008新建一条不锈钢器材生产线，有关的会计资料如下：

①2008年12月，该公司自行建成了一条不锈钢器材生产线并投入使用，建造成本为568 000元；采用年限平均法计提折旧；预计净残值率为固定资产原价的3%，预计使用年限为6年。

②2011年1月1日，由于生产的产品适销对路，现有生产线的生产能力已难以满足公司生产发展的需要，但若新建生产线成本过高、周期过长，于是公司决定对现有生产线进行改扩建，以提高其生产能力。

③2011年1月1日~3月31日，经过3个月的改扩建，完成了对该不锈钢器材生产线的改扩建工程，共发生支出268 900元，全部以银行存款支付。

④该生产线改扩建工程达到预定可使用状态后，大大提高了生产能力，预计尚可使用年限为7年9个月。假定改扩建后的生产线的预计净残值率为改扩建后固定资产账面价值的3%；折旧方法仍为年限平均法。

⑤为简化计算，不考虑其他相关税费，公司按年度计提固定资产折旧。

公司的账务处理如下：

①2009年1月1日~2010年12月31日两年间，即固定资产后续支出发生前，该条生产线的应计折旧额为550 960元[568 000×(1-3%)]，年折旧额为91 826.67元(550 960÷6)，各年计提固定资产折旧的账务处理为：

借：制造费用　　91 826.67

　　贷：累计折旧　　91 826.67

②2011年1月1日，该生产线的账面价值为384 346.66元[568 000-(91 826.67×2)]，该生产线转入改扩建时的账务处理为：

借：在建工程　　384 346.66

　　累计折旧　　183 653.34

贷：固定资产——生产线　568 000. 00

③2011年1月1日~3月31日，发生固定资产后续支出的账务处理为：

借：在建工程　268 900

贷：银行存款　268 900

④2011年3月31日，生产线改扩建工程达到预定可使用状态，将后续支出全部资本化后的生产线账面价值为653 246. 66元(384 346. 66 + 268 900)，其账务处理为：

借：固定资产——生产线　653 246. 66

贷：在建工程　653 246. 66

⑤2011年3月31日，生产线改扩建工程达到预定可使用状态后，其每年应计提的折旧额为81761. 19元，每年计提固定资产折旧的账务处理为：

每年应计提的折旧额 = [653 246. 66 × (1 − 3%) ÷ (7 × 12 + 9) × 12] = 81 761. 19(元)。

借：制造费用　81 761. 19

贷：累计折旧　81 761. 19

企业在发生可资本化的固定资产后续支出时，可能涉及替换固定资产的某个组成部分。如果满足固定资产的确认条件，应当将用于替换的部分资本化，计入固定资产账面价值，同时终止确认被替换部分的账面价值，以避免将替换部分的成本和被替换部分的账面价值同时计入固定资产成本。在实务中，如果企业不能确定被替换部分的账面价值，可将替换部分的成本视为被替换部分的账面价值。

【例4－14】 1998年12月，甲公司采用出包方式建造的营业厅达到预定可使用状态投入使用，并结转固定资产成本1 800 000元。该营业厅内有一部电梯，成本为200 000元，未单独确认为固定资产。2011年1月，为吸引顾客，甲公司决定更换一部观光电梯。支付的新电梯购买价款为320 000元(含增值税税额，适用的增值税税率为17%)，另发生安装费用31 000元，以银行存款支付；旧电梯的回收价格为100 000元，款项尚未收到。假定营业厅的年折旧率为3%，净残值率为3%。

甲公司的账务处理如下：

① 2011 年 1 月，购入观光电梯一步：

借：工程物资　　320 000

　　贷：银行存款　　320 000

② 2011 年 1 月，将营业厅的账面价值转入在建工程：

营业厅的累计折旧金额 =1 800 000×(1－3%)×3%×8 =419 040(元)。

借：在建工程　　1 380 960

　　累计折旧　　419 040

　　贷：固定资产　　1 800 000

③ 2011 年 1 月，转销旧电梯的账面价值：

旧电梯的账面价值 = 200 000 － 200 000 ÷ 1 800 000 × 419 040 = 153 440(元)。

借：其他应收款　　100 000

　　营业外支出　　53 440

　　贷：在建工程　　153 440

④ 2011 年 1 月，安装新电梯：

借：在建工程　　351 000

　　贷：工程物资　　320 000

　　　　银行存款　　31 000

⑤ 电梯安装完毕达到预定可使用状态投入使用：

借：固定资产　　1 578 520

　　贷：在建工程　　1 578 520

二、费用化的后续支出

一般情况下，固定资产投入使用之后，由于固定资产磨损、各组成部分耐用程度不同，可能会导致固定资产的局部损坏，为了维持固定资产的正常运转和使用，充分发挥其使用效能，企业会对固定资产进行必要的维护。固定资产的日常维护支出只是确保固定资产的正常工作状况，通常不满足固定资产的确认条件，应在发生时计入管理费用或销售费用，不得采用预提或待摊方式处理。

【例 4-15】 2010 年 1 月 23 日，甲公司对某办公楼进行修理，修理过程中领用原材料一批，价值为 120 000 元，为购买该批原材料支付的增值税进项税额为 20 400 元；应支付维修人员薪酬为 43 320 元。

甲公司的账务处理如下：

借：管理费用	183 720	
贷：原材料		120 000
应交税费——应交增值税(进项税额转出)		20 400
应付职工薪酬		43 320

固定资产发生的各项后续支出的处理方法见表 4-20。

表 4-20 固定资产发生的各项后续支出的处理

项目	通常的处理方法
固定资产修理费用	直接计入当期费用
固定资产改良支出	计入固定资产账面价值
固定资产修理、改良及其结合	企业应当判断，与固定资产有关的后续支出，是否满足固定资产的确认条件。如果该后续支出满足了固定资产的确认条件，后续支出应当计入固定资产账面价值；否则，后续支出应当确认为当期费用
固定资产装修费用	满足固定资产的确认条件，装修费用应当计入固定资产账面价值，并在“固定资产”科目下单设“固定资产装修”明细科目进行核算，在两次装修间隔期间与固定资产尚可使用年限两者中较短的期间内，采用合理的方法单独计提折旧。在下次装修时，与该项固定资产相关的“固定资产装修”明细科目仍有账面价值，应将该账面价值一次全部计入当期营业外支出

需要注意的是：① 融资租入固定资产发生的固定资产后续支出，比照上述原则处理。发生的固定资产装修费用等，满足固定资产确认条件的，应在两次装修间隔期间、剩余租赁期与固定资产尚可使用年限三者中较短的期间内，采用合理的方法单独计提折旧。

② 经营租入固定资产发生的改良支出，应通过“长期待摊费用”科目

核算，并在剩余租赁期与租赁资产尚可使用年限两者中较短的期间内，采用合理的方法进行摊销。

【例4－16】 2007年1月25日，甲公司对所属一家商场进行装修，发生如下有关支出：领用生产用原材料40 000元，购进该批原材料时支付的增值税进项税额为6 800元；辅助生产车间为商场装修工程提供的劳务支出为14 660元；发生有关人员薪酬29 640元。2007年12月26日，商场装修完工，达到预定可使用状态交付使用，甲公司预计下次装修时间为2018年12月。2010年12月31日，甲公司决定对该商场重新进行装修。假定该商场的装修支出符合固定资产确认条件；该商场预计尚可使用年限为6年；装修形成的固定资产预计净残值为1 100元；采用直线法计提折旧；不考虑其他因素。

甲公司的账务处理如下：

① 装修领用原材料：

借：在建工程　46 800

　贷：原材料　40 000

　　应交税费——应交增值税（进项税额转出）　6 800

② 辅助生产车间为装修工程提供劳务：

借：在建工程　14 660

　贷：生产成本——辅助生产成本　14 660

③ 发生工程人员薪酬：

借：在建工程　29 640

　贷：应付职工薪酬　29 640

④ 装修工程达到预定可使用状态交付使用：

借：固定资产——固定资产装修　91 100

　贷：在建工程　91 100

⑤ 2008年度计提装修形成的固定资产折旧：

因下次装修时间为2018年12月，大于固定资产预计尚可使用年限6年，因此，应按固定资产预计尚可使用年限6年计提折旧。

借：管理费用　15 000

　贷：累计折旧　15 000

⑥ 2010 年 12 月 31 日重新装修：

借：营业外支出　　46 100

　　累计折旧　　45 000

　　贷：固定资产——固定资产装修　　91 100

【例 4－17】 2010 年 8 月 20 日，甲公司对采用经营租赁方式租入的一条生产线进行改良，发生如下有关支出：领用生产用原材料 24 000 元，购进该批原材料时支付的增值税进项税额为 4 080 元；辅助生产车间为生产线改良提供的劳务支出为 2 560 元；发生有关人员薪酬 54 720 元。2010 年 12 月 31 日，生产线改良工程完工，达到预定可使用状态交付使用。假定该生产线预计尚可使用年限为 6 年，剩余租赁期为 5 年；采用直线法进行摊销；不考虑其他因素。

甲公司的账务处理如下：

① 改良工程领用原材料：

借：在建工程　　28 080

　　贷：原材料　　24 000

　　　　应交税费——应交增值税(进项税额转出)　　4 080

② 辅助生产车间为改良工程提供劳务：

借：在建工程　　2 560

　　贷：生产成本——辅助生产成本　　2 560

③ 发生工程人员薪酬：

借：在建工程　　54 720

　　贷：应付职工薪酬　　54 720

④ 改良工程达到预定可使用状态交付使用：

借：长期待摊使用　　85 360

　　贷：在建工程　　85 360

⑤ 2011 年度进行摊销：

因生产线预计尚可使用年限为 6 年，剩余租赁期为 5 年，因此，应按剩余租赁期 5 年进行摊销。

借：制造费用　　17 072

　　贷：长期待摊费用　　17 072

【例4-18】　立兴建筑工程公司是一家在上海证券交易所发行股票的企业，其主要从事金属产品的制造，属于增值税一般纳税企业，适用的增值税税率为17%。其有关业务资料如下：

①2008年12月1日，乙公司购入一条需要安装的生产线，取得的增值税专用发票上注明的生产线价款为10 000 000元，增值税税额为1 700 000元；发生保险费25 000元，款项均以银行存款支付；没有发生其他相关税费。

②2008年12月1日，乙公司开始以自营方式安装该生产线。安装期间领用生产用原材料的实际成本为100 000元，发生安装工人薪酬50 000元，没有发生其他相关税费。该原材料没有计提存货跌价准备。

③2008年12月31日，该生产线达到预定可使用状态，当日投入使用。该生产线预计使用年限为6年，预计净残值为132 000元，采用直线法计提折旧。

④2009年12月31日，乙公司在对该生产线进行检查时发现其已经发生减值，可收回金额为8 075 600元。

⑤2010年1月1日，该生产线预计尚可使用年限为5年，预计净残值为125 600元，采用直线法计提折旧。

⑥2010年6月30日，乙公司采用出包方式对该生产线进行改良。当日，该生产线停止使用，开始进行改良。在改良过程中，乙公司以银行存款支付工程总价款1 221 400元。

⑦2010年8月20日，改良工程完工验收合格并于当日投入使用，预计尚可使用年限为8年，预计净残值为102 000元，采用直线法计提折旧。2008年12月31日，该生产线未发生减值。

乙公司的账务处理如下：

①2008年12月1日，购入生产线：

借：在建工程　　11 725 000

　　贷：银行存款　　11 725 000

②2008年12月，安装该生产线：

借：在建工程　　167 000

　　贷：原材料　　100 000

　　　　应交税费——应交增值税(进项税额转出)　　17 000
　　　　应付职工薪酬　　50 000

③ 2008 年 12 月 31 日，生产线达到预定可使用状态投入使用：

借：固定资产　　11 892 000
　　贷：在建工程　　11 892 000

④ 2009 年度计提折旧：

生产线 2009 年度折旧额 = (11 892 000 - 132 000) ÷ 6 = 1 960 000 (元)。

借：制造费用　　1 960 000
　　贷：累计折旧　　1 960 000

⑤ 2009 年 12 月 31 日，确认减值损失：

生产线应确认的减值损失 = (11 892 000 - 1 960 000) - 8 075 600 = 1 856 400(元)。

借：资产减值损失　　1 856 400
　　贷：固定资产减值准备　　1 856 400

⑥ 2010 年上半年计提折旧：

2010 年上半年折旧额 = (8 075 600 - 125 600) ÷ 5 ÷ 2 = 795 000 (元)。

借：制造费用　　795 000
　　贷：累计折旧　　795 000

⑦ 2010 年 6 月 30 日，将生产线转入改良：

借：在建工程　　7 280 600
　　累计折旧　　2 755 000
　　固定资产减值准备　　1 856 400
　　贷：固定资产　　11 892 000

借：在建工程　　1 221 400
　　贷：银行存款　　1 221 400

⑧ 2010 年 8 月 20 日，改良工程完工达到预定可使用状态投入使用：

借：固定资产　　8 502 000
　　贷：在建工程　　8 502 000

⑨ 2010 年生产线改良后计提折旧：

2010 年生产线改良后折旧额 =（8 502 000 - 102 000）÷8×4÷12 = 350 000（元）。

借：制造费用　　350 000

　　贷：累计折旧　　350 000

第五节　固定资产的处置

一、固定资产终止确认的条件

固定资产处置，包括固定资产的出售、转让、报废和毁损、对外投资、非货币性资产交换、债务重组等。固定资产终止确认的条件见表 4-21。

表 4-21　固定资产终止确认的条件

固定资产终止确认的条件（任一即可）	该固定资产处于处置状态
	该固定资产预期通过使用或处置不能产生经济利益

二、固定资产处置的会计处理

企业出售、转让、报废固定资产或发生固定资产毁损，应当将处置收入扣除账面价值和相关税费后的金额计入当期损益。固定资产的账面价值是固定资产成本扣减累计折旧和累计减值准备后的金额。固定资产处置一般通过“固定资产清理”科目进行核算。

（一）固定资产出售、报废或毁损的会计处理

固定资产出售、报废或毁损的会计处理见表 4-22。

表 4-22　固定资产出售、报废或毁损的会计处理

会计业务	相关会计处理
出售、报废和毁损等原因减少的固定资产	按减少的固定资产账面价值，借记“固定资产清理”，按已提折旧，借记“累计折旧”，按已计提的减值准备，借记“固定资产减值准备”，按固定资产原价，贷记“固定资产”
清理过程中发生的费用以及应交的税金	借记“固定资产清理”，贷记“银行存款”、“应交税费——应交营业税”
收回出售固定资产的价款、毁损报废取得的残料价值和变价收入	借记“银行存款”、“原材料”等，贷记“固定资产清理”
由保险公司或过失人赔偿的损失	借记“其他应收款”等，贷记“固定资产清理”

固定资产清理后的净收益的会计处理见表 4-23。

表 4-23　固定资产清理后的净收益的会计处理

固定资产清理后的净收益的时间	会计处理
属于筹建期间的收入	冲减长期待摊费用，借记“固定资产清理”，贷记“长期待摊费用”
属于生产经营期间的收入	借记“固定资产清理”，贷记“营业外收入——处置固定资产净收益”
属于筹建期间的损失	计入长期待摊费用，借记“长期待摊费用”，贷记“固定资产清理”
属于生产经营期间由于自然灾害等非正常原因造成的损失	借记“营业外支出——非常损失”，贷记“固定资产清理”
属于生产经营期间正常的处理损失	借记“营业外支出——处置固定资产净损失”科目，贷记“固定资产清理”

【例 4－19】　立兴建筑工程公司出售一幢闲置厂房。该房屋账面原始价值 200 000 元，已提折旧 110 000 元；取得出售价款 110 000 元；应交营业税 5 500 元。该厂房已计提减值准备 10 000 元，有关会计处理如下。

① 注销出售固定资产价值：

借：固定资产清理	80 000	
累计折旧	110 000	
固定资产减值准备	10 000	
贷：固定资产		200 000

② 取得清理收入：

借：银行存款	110 000	
贷：固定资产清理		110 000

③ 应交营业税：

借：固定资产清理	5 500	
贷：应交税费——应交营业税		5 500

④ 结转清理净收益：

借：固定资产清理	24 500	
贷：营业外收入——固定资产清理收益		24 500

（二）其他方式减少的固定资产

企业持有待售的固定资产，应当调整其预计净残值，使预计净残值能够反映其公允价值减去处置费用后的金额，但不得超过其账面价值。原账面价值高于预计净残值的差额，应作为资产减值损失计入当期损益。持有待售固定资产从划归为持有待售之日起停止提折旧和减值准备。

其他方式减少的固定资产，如以固定资产清偿债务、投资转出固定资产、以非货币性资产交换换出固定资产等，分别按照债务重组、非货币性资产交换等的处理原则进行核算。

第六节　固定资产清查

为了保证固定资产核算的真实性，企业应定期或者至少于每年年末对固定资产进行清查盘点，以保证固定资产核算的真实性，充分挖掘企业现有固定资产的潜力。在固定资产清查过程中，如果发现盘盈、盘亏的固定资产，应填制固定资产盘盈盘亏报告表。清查固定资产的损溢，应及时查明原因，并按照规定程序报批处理。

企业盘盈、盘亏的固定资产，在审批之前，应调整固定资产的账面价值，作为企业的待处理财产损溢，在报经有关部门审批之后，作为营业外收支处理。为此，固定资产盘盈、盘亏应通过“待处理财产损溢”科目所属“待处理固定资产损溢”二级科目进行核算。期末，对于尚未审批的盘盈、盘亏的固定资产，应进行处理。如果审批数与处理数不一致，再进行调整。

一、固定资产的盘盈

在固定资产清查过程中发现的盘盈固定资产，经查明是否确属企业所有，应确定固定资产重置价值，并为其重新建立固定资产卡片。

企业盘盈的固定资产，在批准处理之前，应根据重置价值借记“固定资产”科目，贷记“待处理财产损溢”科目；待有关部门审批之后，应借记“待处理财产损溢”科目，贷记“营业外收入”科目。

【例 4－20】 某钢厂年末对资产进行清查时，发现未入账的设备一台，现若重新购入同样一台新设备要花 120 000 元，预计使用年限 10 年。此设备估计已使用 2 年，预计净残值率为 5%。每年应计折旧额为（120 000－120 000×5%）÷10＝11 400 元，已提折旧额为 22 800 元，编制会计分录如下。

① 批准之前：

借：固定资产　　　　120 000

　　贷：累计折旧　　22 800
　　　　待处理财产损溢　　97 200

② 盘盈的设备报经批准后转账时：

借：待处理财产损溢　　97 200
　　贷：营业外收入——固定资产盘盈　　97 200

二、固定资产盘亏

在固定资产清查过程中发现盘亏的固定资产，应根据账面价值借记“待处理财产损溢”科目，根据已提折旧借记“累计折旧”科目，根据原值贷记“固定资产”科目；待有关部门审批之后，应借记“营业外支出”科目，贷记“待处理财产损溢”科目。

【例4-21】 华光家具公司于2010年9月22日进行了一次资产清产，清查之后发现盘亏一台原值为50 000元，经查账发现此台设备已提折旧为24 000元。请对以上的经济业务编制会计分录。

① 上级批准之前：

借：待处理财产损溢　　26 000
　　累计折旧　　24 000
　　贷：固定资产　　50 000

② 上报上级主管部门后批准转入“营业外支出”：

借：营业外支出——固定资产盘亏　　26 000
　　贷：待处理财产损溢　　26 000

第七节　固定资产减值

固定资产在资产负债表日存在可能发生减值的迹象时，其可收回金额低于账面价值的，企业应当将该固定资产的账面价值减记至可收回金额，减记的金额确认为减值损失，计入当期损益，同时计提相应的资产减值准备，借记“资产减值损失——计提的固定资产减值准备”科目，贷记“固定资产减值准备”科目。固定资产减值损失一经确认，在以后会计期间不得转回。

【例 4 - 22】 2010 年 12 月 31 日，丁公司的某生产线存在可能发生减值的迹象。经计算，该机器的可收回金额合计为 1 230 000 元，账面价值为 1400 000 元，以前年度示对该生产线计提过减值准备。

由于该生产线的可收回金额为 1230 000 元，账面价值为 1 400 000 元，可收回金额低于账面价值，应按两者之间的差额 170 000 元 (1 400 000 - 1 230 000) 计提固定资产减值准备。丁公司应作如下会计处理：

借：资产减值损失——计提的固定资产减值准备　　170 000

　　贷：固定资产减值准备　　170 000

第五章　成本费用的会计核算

本章导读

施工企业的成本费用包括进行某一项工程的施工所发生的直接人工、直接材料、机械使用费、其他直接费和间接费用。准确地核算工程的成本费用是比较工程项目经济效益的基础，成本费用的正确核算可以对企业的效益提高乃至增加企业的利润起到积极的作用。

本章介绍了工程成本项目的内容、工程成本核算的重要作用及核算的基本要求。此外，工程成本核算的对象在不同的情况下可以有不同的选择，比如，一般将每一独立编制施工图预算的单位工程成本作为核算对象，但是对于规模大、工期长的单位工程，可以以分步工程作为成本核算等。本章还详细介绍了工程成本核算应设置的会计科目，工程成本核算的一般程序，工程成本中材料、人工费用、设备使用费、其他直接费用及间接费用的归集和分配方法和账务处理，工程成本结算方式及期间费用的核算。

本章的主要内容包括：
1．成本费用的概述；
2．工程成本核算的对象、组织与程序；
3．工程成本的会计核算；
4．工程成本结算；
5．期间费用的核算。

第一节 成本费用的概念、分类与内容

本节的主要内容是施工企业会计核算的重要组成部分，即工程成本和期间费用的核算。成本费用的正确核算，可以综合反映施工企业的劳务消耗，提高企业的经营效率，进而增加企业的利润。施工企业在其存续期间内，为了进行施工生产而发生的各种耗费，可以笼统地称之为施工成本费用。在施工企业的会计核算实务中，为了准确的核算每一个施工项目的成本耗费，以比较各种工程项目的经济效益，往往需要把与生产有直接关系的生产费用，以各个单项工程为对象，按一定的方法进行归集，就构成各项工程的工程成本。

一、工程成本的基本概念和分类

施工企业工程成本的会计核算，就是对在一定时期内的费用成本支出的归集、分配、再归集、再分配和工程成本形成的会计核算，它是施工企业会计核算的主要内容。

工程成本的概念和分类见表 5－1。

表 5－1 工程成本的概念和分类

<table>
<tr><th>工程成本的概念</th><th colspan="3">工程成本的分类</th></tr>
<tr><td rowspan="3">施工企业为进行某一项工程的施工所发生的直接人工、直接材料、机械使用费、其他直接费用和间接费用的总和，构成了施工企业的工程成本。施工企业在施工过程中，一方面生产出建筑产品，另一方面消耗一定数量的人力、物力和财力，这些消耗的货币表现，即为施工费用。也就是说施工费用是指施工企业在生产经营过程中发生的各种耗费。费用包括工程成本和期间费用两部分。
一般而言，工程成本是依据配比性原则，可以和某一项工程的施工收入相联系配比的，而期间费用很难和某一项工程的施工收入相联系配比，它作为施工企业整体的支出，作为企业当期的一项成本耗费，从当期的总收入中扣除</td><td colspan="3">根据建筑安装工程的特点和工程成本管理的要求划分</td></tr>
<tr><td>工程预算成本</td><td>工程计划成本</td><td>工程实际成本</td></tr>
<tr><td>指施工企业根据施工图纸设计确定的建筑安装工程实物量和国家或地区制定的预算定额、预算单价以及有关收费标准计算确定的工程成本</td><td>指施工企业以工程预算为基础，根据确定的一定时期降低成本的目标，结合工程实际情况，在充分考虑可以达到的实际能力前提下，计算得出的工程成本</td><td>指施工企业为了完成特定的建筑安装工程任务，按照确定的工程成本核算对象和成本项目归集的实际成本</td></tr>
</table>

二、工程成本项目的内容

建筑安装工程成本，是施工企业在生产经营过程中，为完成一定数量的建筑工程和安装工程所发生的费用总和。它是全面反映经营管理工作质量的一个综合指标。

《企业会计制度》第 94 条规定："建筑承包商建造工程合同成本应当包括从合同签订开始至合同完成终止所发生的、与执行合同有关的直接费用和间接费用"。建造工程合同成本在施工企业通常称为建筑安装工程成本。具体内容如图 5－1 所示。

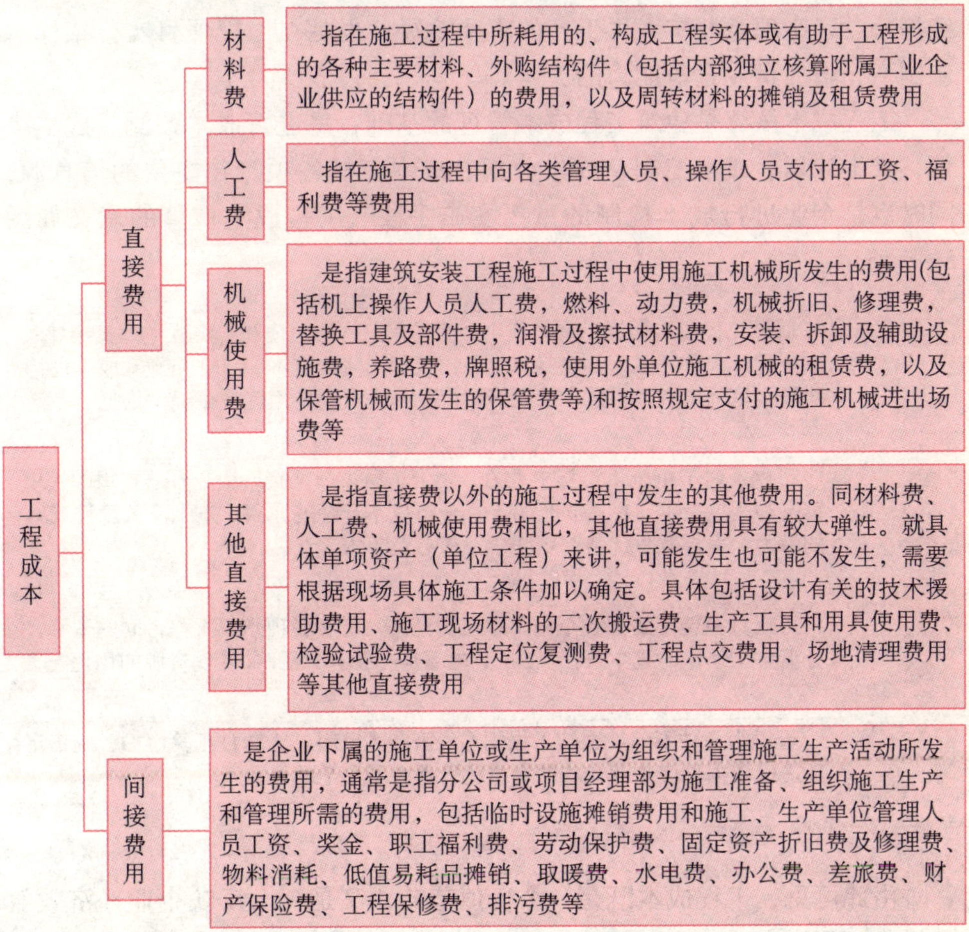

图 5－1　工程成本项目的内容

间接费用应当在期末按照合理的方法分摊计入合同成本，与合同有关的零星收益，如合同完成后处置残余物资取得的收益，应当冲减合同成本。

三、工程成本核算的重要作用

工程成本按其经济实质来说，是工程价值的重要组成部分。工程成本的高低，直接体现着企业工程价款中用于生产耗费补偿数额的大小。在完成的施工工程量不变的情况下，工程成本越低，用于生产耗费补偿的数额就越小，企业的盈利也就越多；反之，企业的盈利就少，甚至连简单再生产也难以维持。因此，节约耗费，降低工程成本，是增加企业利润，提高经济效益，实现企业扩大再生产的重要途径，也是在工程项目实行招标承包制下，增加企业竞争能力的关键。

工程成本核算是建筑工程成本管理的基础，是进行成本预测、成本决策、成本计划、成本控制、成本分析、成本考核各项工作主要的信息源，同时也是企业进行成本控制的重要实施手段。工程成本核算的意义如图5－2所示。

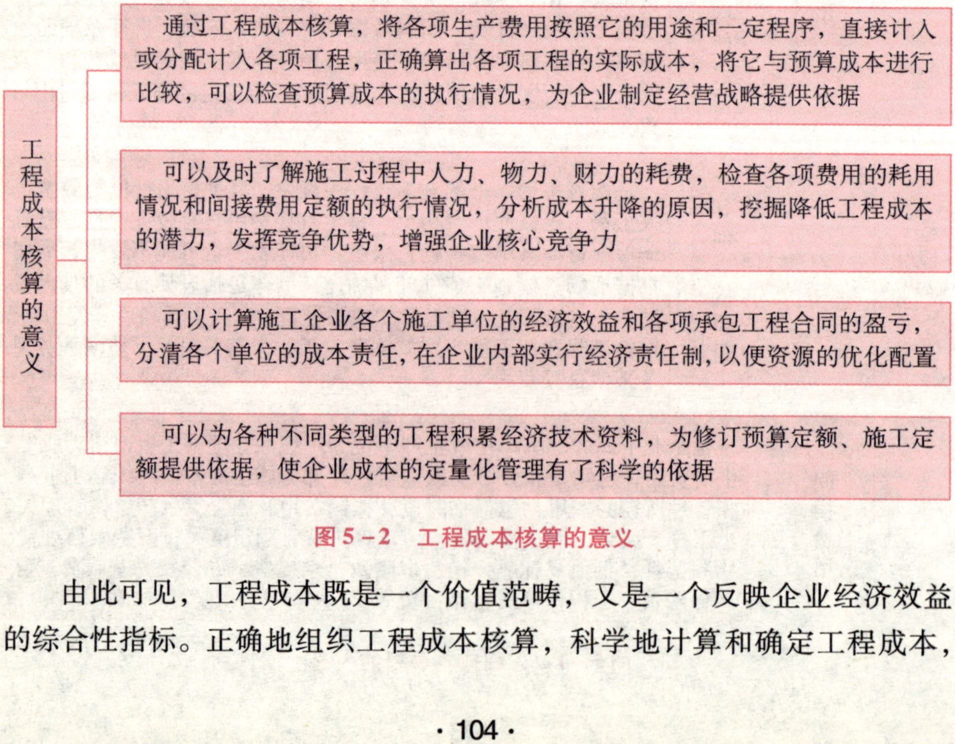

图5－2　工程成本核算的意义

由此可见，工程成本既是一个价值范畴，又是一个反映企业经济效益的综合性指标。正确地组织工程成本核算，科学地计算和确定工程成本，对于促进企业加强经济核算，改善经济管理，进行经济预测和参与经济决策等都有着十分重要的作用。

四、工程成本核算的基本要求

（一）严格遵守国家规定的工程成本开支范围与标准

按照《企业会计准则》的要求，一切与生产经营有关的各项耗费，都应计入企业的成本费用。凡不属于上述成本的开支，均不得计入成本。在审核过程中，对于符合国家财经制度和企业计划、定额，有利于企业发展生产的费用开支，要积极支持；否则就要坚决抵制。

企业应按规定的成本项目，汇集生产经营过程中发生的各项支出。因此要通过成本核算加强成本管理，应在成本发生之前就加强审核和控制。严格遵守成本费用开支范围，正确组织成本费用核算。

根据新《企业会计准则》的规定：建筑工程成本项目包括人工费、材料费、机械使用费、其他直接费和间接费用；管理费用、财务费用单独核算，直接从当期收益中扣除，不计入施工成本。

（二）正确划分各种费用的界限

1. 正确划分资本性支出与收益性支出的界限

凡支出的效益涉及几个会计年度的，应作为资本性支出，如固定资产的购建和购入无形资产均属于资本性支出，应作增加资产处理，在以后使用过程中再逐渐通过折旧和摊销方式计入成本。凡支出的效益仅涉及本年度的，应作为收益性支出，如各种直接费用、间接费用及期间费用均属收益性支出。直接费用与间接费用构成企业生产经营成本，期间费用不计入成本，单独核算。直接费用与间接费用的支出全部由当期收益抵偿。要严格划分资本性支出与收益性支出的界限，坚决杜绝将资本性支出列为收益性支出的做法。

2. 正确划分生产费用及期间费用的界限

按照成本核算的要求，生产费用计入产品的生产经营成本，期间费用不能计入产品成本，只能列入当期损益，因此，为了正确核算成本，必须将生产费用和期间费用严格划分开。

3. 正确划分成本计算期的费用界限

按照权责发生制原则，企业在核算成本费用中，凡应由本期负担而尚未支出的费用，应作为预提费用计入本期成本费用，凡已经支付，应由本期和以后各期负担的费用，应作为待摊费用，分期摊入成本费用；本期发生的费用要全部在本期入账，不应延至下期或提前结账。只有按照权责发生制原则，正确计算本期费用，正确计算待摊费用与预提费用并按合同完工进度准确计量成本、费用，才能正确划分各期费用界限，正确计算各期产品、工程成本，而不允许利用任意多提或少提待摊费用和预提费用的办法调节各月产品、工程成本。

4. 正确划分各项工程的费用界限

为了分别考核和分析各项工程(一般是单项合同或单位工程)的成本计划完成情况，还必须将应由本期工程成本负担的生产费用，在各项工程之间进行划分。凡能分清应由哪个产品、哪项工程负担的直接费用，应直接计入该产品、工程成本。若由几项工程共同耗用，分不清应由哪个工程负担的间接费用，要采用适当的分配方法，分配计入各个产品、各项工程成本。分配的方法要合理、简便，各项工程之间，不允许任意增减费用，保“重点”，以盈补亏。

5. 正确划分已完工程和未完工程的界限

月末，将各项生产费用计入各项工程的成本以后，如果某项工程已全部完工(竣工)，则各项费用之和，就是该项工程本月完成部分的成本。如果工程尚未完工(竣工)，还必须将计入该项工程的生产费用，在本月已完工程(即已完成预算定额规定的全部工序、可向客户办理结算的分部分项工程)和未完工程(又称未完施工)之间进行分配，以便计算本月已完工程和月末未完工程成本。所采用的分配方法也要合理简便。不允许任意提高或降低月末未完工程、在产品成本，人为地调节已完工程的成本。

正确划分以上这五个方面费用的界限很重要，划分的过程，也就是计算工程成本的过程。划分正确，成本计算也正确。生产费用划分过程如图5－3所示。

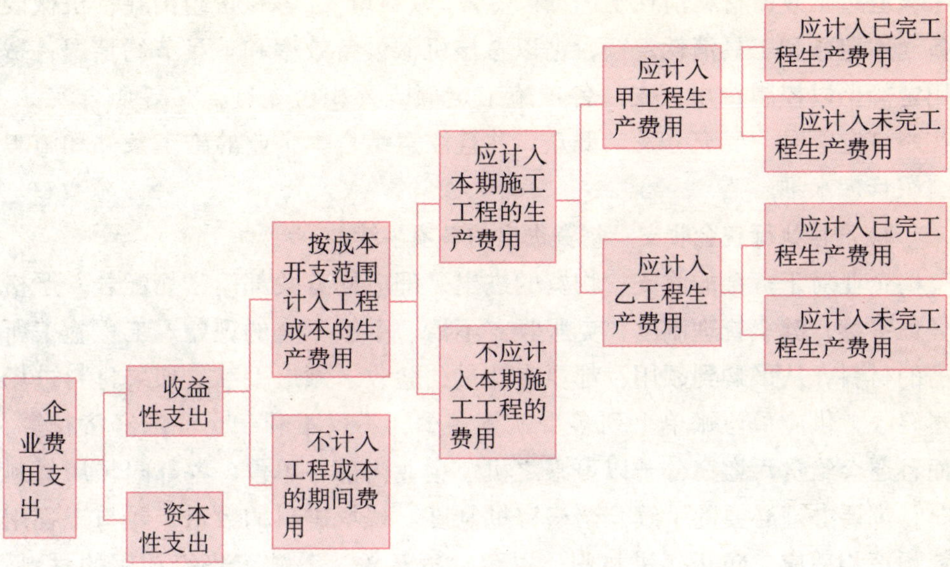

图 5－3　企业生产费用分类图

（三）加强基础工作，保证成本计算资料的质量

为了保证成本计算的数字真实可靠，要做好各项与成本计算密切相关的基础工作，使施工过程中的劳动消耗和施工活动的经济效益及时、正确地反映出来。在这些基础工作中，除了制定符合企业实际情况的各项施工定额外，还包括材料物资的计量、验收、领退、保管制度和各项消耗的原始记录。

1. 科学地制定定额标准

定额是用数量来控制企业施工经营活动的手段。施工企业的施工定额是在一定的施工技术和施工组织条件下，企业在人力、物力、财力的利用和消耗方面应当遵守和达到的标准。它和据以计算工程造价的预算定额不同。预算定额是建筑生产部门的平均定额，而施工定额是企业定额。因此，施工定额是编制企业计划的依据，也是进行成本控制和分析的依据。正确制订施工定额，对于推动企业厉行节约、提高经济效益、降低工程成本具有重要的意义。

施工企业的施工定额，主要有劳动定额、材料消耗定额、机械设备利用定额、工具消耗定额、费用定额等。劳动定额据以签发“工程任务单”，考核班组工效；材料消耗定额据以签发“领料单”，考核班组消耗；机械设备利用定额和工具消耗定额，据以考核机械设备效率和工具节约情况；费用定额据以控制费用开支。各项施工定额既要积极先进，又要切合实际。在制订定额时，要充分发动群众，并且注意结合本企业的施工条件和施工组织管理水平。

2. 严格执行资金收支、物资进出的各项手续

企业对于资金的收支、物资的进出，都应同有关部门密切配合，严格凭证手续，健全管理制度，克服收支不清、手续不全的现象。工程施工所需的材料，从采购到领用，都要有计量、验收、领退手续。如果材料进场不验收，供应单位账单上列多少就算多少，不仅不利于企业的经济核算，而且还会给贪污盗窃分子以可乘之机。企业内部各单位、各部门领用材料时，都要办理必要的手续，严格审批制度。现场进料的数量，要与工程用料预算相适应，防止多进材料，以免往返运输。各施工班组耗用的材料，要按施工定额发给，防止造成浪费。用剩的材料，要办理退库或转移手续。月末现场已领未用材料，要进行盘点。库存材料，要定期进行清查，做到账物相符，防止差错和变质。对于大堆材料，如砖、瓦、砂、石等，也应采取一些简便易行的计量方法，定期进行盘点。

3. 认真做好原始记录，保存好各种原始凭证

原始记录是企业经济业务实际发生或完成情况的书面证明，是明确经济责任并据以记账的依据。如果原始记录不可靠，工程成本计算就不会正确。为此，我们必须根据部门分工，建立和健全原始记录的填制、审核和交接等责任制度，使每项原始记录都有人负责。对施工经营管理过程中发生的各项经济业务，如对材料的验收、领退、转移和盘点，工时的消耗，机械设备的利用，费用的开支，月末已完工程的盘点等，都要正确及时地做好原始记录，以便正确计算材料消耗，合理分配工资和其他施工费用，做到物资进出有手续，工时消耗有数据，工完料清出成本。

(四)健全企业内部成本核算的其他工作

1. 企业必须按季计算工程成本

有条件的企业也必须按月计算。内部独立核算的工业企业，机械施工和运输单位以及材料供应部门，按月计算产品，作业和材料成本的材料消耗和费用开支，应与工程、产品、作业量和材料采购数量的起讫日期一致，不得提前或延后。

2. 坚持实际成本的原则

企业必须根据计算期内已完成工程、已完作业和材料采购的数量以及实际消耗和实际价格，计算工程、作业和材料的实际成本。不得以估计成本、预算成本或计划成本代替实际成本。

3. 计算口径一致的原则

企业进行实际成本核算时，其实际成本的会计核算范围，项目设置和计算口径，应与国家有关财务制度、施工图预算、施工预算或成本计划取得一致。投标承包和投标包干的工程，其实际成本的会计核算范围，项目设置和计算口径，应与按中标价或合同编制的施工预算取得一致。

4. 账册齐全，核算依据合规

企业及其内部独立核算单位对施工、生产经营过程中所发生的各项费用，必须设置必要的账册，以审核无误、手续齐全的原始凭证为依据，按照成本核算对象、成本项目、费用项目和单位进行核算，做到真实、准确、完整、及时。

5. 会计处理方法保持一致

企业成本核算的各种处理方法，包括材料的计价、材料成本差异的调整、周转材料和低值易耗品的摊销、费用的分配、已完工程和未完工程的计算等，前后各期必须一致，不得任意变更。如需变更，需报经主管部门批准，并将变更的原因及其对成本和财务状况的影响，在当期的财务报告中加以说明。

第二节　工程成本核算的对象、组织与程序

一、工程成本核算的对象

在对工程成本核算前，最重要的一点，就是科学的确定工程成本核算的对象，既要满足企业控制每个工程成本收入的需要，又有有利于提高会计核算的效率，避免久拖不决。一般的原则就是把每一独立编制施工图预

算的单位工程，作为一个成本核算的对象。

由于一般的施工企业同时开展多个工程项目，这些工程项目的具体情况又各不相同。有些工程项目规模小、工期短，短期内就可以清晰地结算各项收入与成本；有些工程项目规模大、工期长、一个会计年度内根本不能清晰地结算各种成本与收入；还有一些工程项目尽管同属于一个业主，但是由多个单项的工程项目构成，例如建造一所学校就包括教学楼、住宿楼、操场等多个项目。针对工程项目不同的情况，具体地讲，主要有以下几种划分方法，如表 5－2 所示。

表 5－2　工程成本核算的对象

情况	核算对象
一般情况	每一独立编制施工图预算的单位作为一个成本核算对象
本单位同时开展的，由同一个业主所有，同一施工地点、开竣工日期接近的多个工程项目	可以合并作为一个成本核算对象
工业设备安装工程	按单位工程或专业项目，如机械设备、管道、通风设备、工业筑炉的安装等作为工程成本核算对象。变电所、配电站、锅炉房等可按所、站、房等安装工程作为成本核算对象
改建、扩建零星工程	将开竣工时间相接近、属于同一个工程项目的，可以合并作为一个成本核算对象
土石方工程、打桩工程	根据实际情况和管理需要，以一个单位工程成本为核算对象，或将同一施工地点的若干个工程量较小的单项工程合并作为一个成本核算对象
规模大、工期长的单位工程	以分部工程作为成本核算对象
一个单位工程由几个施工单位共同施工时	以同一单位工程成本为核算对象，各自核算自行完成的部分

需要注意的是：工程成本核算的对象一经确定，在一定期限内不能随意更改，若要更改应及时通知施工企业内部相关部门，以统一工程成本的核算口径，减少因此造成的成本分析和考核上的潜在矛盾。为了集中反映各个工程成本核算对象的成本发生情况，财务部门应当为每一个成本核算对象分别设置工程成本明细账（卡），并按照成本项目设置专栏来组织核算。另外所有的原始记录都必须按照规定的成本核算对象写清楚，以便于归集和分配成本费用。

二、工程成本核算的组织体制

工程成本核算的组织体制如图 5－4 所示。

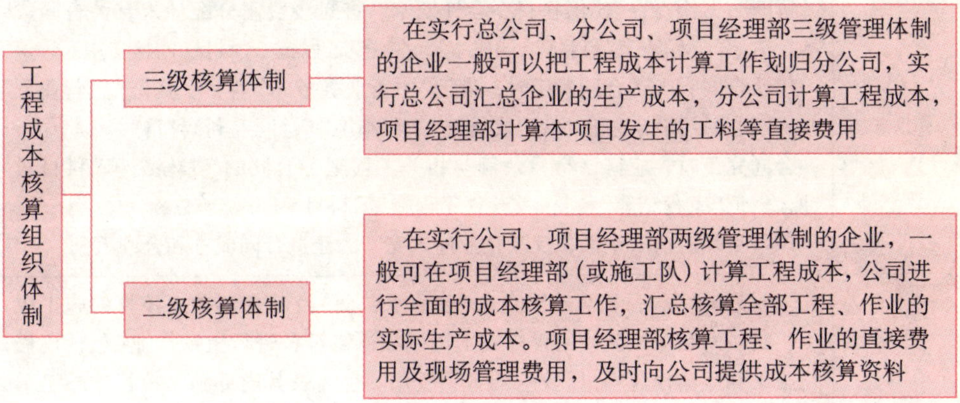

图 5－4　工程成本核算的组织体制

三、工程成本核算应设置的会计科目

施工企业为总括的核算和监督建筑企业施工过程中各项施工费用的发生、归集和分配情况，正确计算工程成本，要设置总分类会计科目，在此基础上还要进行明细分类核算，以利于成本管理。施工企业的会计科目和其他类型的企业有着共同性，但由于其业务的特殊性，还需要设置特定的会计科目来实现会计的核算，具体见表 5－3。

表 5－3　工程成本核算设置的会计科目

会计科目	会计核算
工程施工	“工程施工”科目核算施工企业（建造承包商）实际发生的合同成本和合同毛利。该科目可按建造合同，分别“合同成本”、“间接费用”、“合同毛利”进行明细核算。 企业进行合同建造时发生的人工费、材料费、机械使用费以及施工现场材料的二次搬运费、生产工具和用具使用费、检验试验费、临时设施折旧费等其他直接费用，借记“工程施工”科目（合同成本），贷记“应付职工薪酬”、“原材料”等科目。 发生的施工、生产单位管理人员职工薪酬、固定资产折旧费、财产保险费、工程保修费、排污费等间接费用，借记“工程施工”科目（间接费用），贷记“累计折旧”、“银行存款”等科目。会计期末，将间接费用分配计入有关合同成本，借记“工程施工”科目（合同成本），贷记“工程施工”科目（间接费用）。 确认合同收入、合同费用时，借记“主营业务成本”科目，贷记“主营业务收入”科目，按其差额，借记或贷记“工程施工”（合同毛利）科目 合同完工时，应将该科目余额与相关工程施工合同的“工程结算”科目对冲，借记“工程结算”科目，贷记“工程施工”科目。 该科目期末借方余额，反映企业尚未完工的建造合同成本和合同毛利
机械作业	“机械作业”科目核算施工企业（建造承包商）及其内部独立核算的施工单位、机械站和运输队使用自有施工机械和运输设备进行机械作业（包括机械化施工和运输作业等）所发生的各项费用。企业及其内部独立核算的施工单位，从外单位或本企业其他内部独立核算的机械站租入施工机械发生的机械租赁费，直接在“工程施工”科目核算。 “机械作业”科目可按施工机械或运输设备的种类等进行明细核算。施工企业内部独立核算的机械施工、运输单位使用自有施工机械或运输设备进行机械作业所发生的各项费用，可按成本核算对象和成本项目进行归集。成本项目一般分为：人工费、燃料及动力费、折旧及修理费、其他直接费用、间接费用（为组织和管理机械作业生产所发生的费用）。 企业发生的机械作业支出时，借记“机械作业”科目，贷记“原材料”、“应付职工薪酬”、“累计折旧”等科目。 会计期末，企业及其内部独立核算的施工单位、机械站和运输队为本单位承包的工程进行机械化施工和运输作业的成本，应转入承包工程的成本，借记“工程施工”科目，贷记“机械作业”科目。对外单位、专项工程等提供机械作业（包括运输设备）的成本，借记“劳务成本”科目，贷记“机械作业”科目，该科目期末应无余额

（续表）

会计科目	会计核算
待摊费用	“待摊费用”科目用来核算企业已经支出但应由本期和以后各期分别负担的各项工程施工费用，如低值易耗品摊销、一次支付数额较大的财产保险费、排污费和技术转让费等。 发生各项待摊费用时，借记“待摊费用”科目，贷记“银行存款”等科目。按受益期限分期摊销时，借记“管理费用”、“销售费用”等科目，贷记“待摊费用”科目。本科目期末余额反映尚未摊销的待摊费用
预提费用	“预提费用”用来核算施工企业预先提取但是尚未支付的各项施工费用，如预提收尾工程费用、预提固定资产修理费用等。其贷方登记预先提取计入工程成本的预提费用，在实际发生支付时，借记“预提费用”科目，贷记“银行存款”等科目。期末余额反映尚未支出但已预提的费用

除上述科目外，企业如果有附属内部独立核算的工业企业（如预制构件厂、机械加工厂等），为满足施工工程需要进行产品（包括代制品、代修品）生产并发生各种生产费用，可单设“生产成本——工业生产成本”科目进行核算。企业非独立核算的辅助生产部门为工程施工、产品生产、机械作业、专项工程等生产材料和提供劳务（如设备维修，构件的现场制作，铁木件加工，固定资产清理，供应水、电、气，施工机械安装、拆卸的辅助设备的搭建工程等）所发生的各项费用，可单设“生产成本——辅助生产成本”科目核算。

四、工程成本核算的一般程序

工程成本的核算程序，是指施工企业及其所属施工单位有关部门的成本核算人员，根据成本核算的体制和成本核算的职责，在具体组织工程实际成本核算时所应遵循的次序和步骤，也就是对各种生产费用进行审核、控制，并将它们按照经济用途进行归类，计入各个成本核算对象、各个成本项目的过程所应遵循的步骤，一般分为工程成本的总分类核算和明细分类核算。

（一）工程成本总分类核算的程序

工程成本总分类核算的程序如图 5－5 所示。

工程成本总分类核算的程序

- 在会计期末，将本期发生的各项施工费用，按其用途归集到有关成本、费用科目
- 在会计期末，将归集在“生产成本——辅助生产成本”科目中的辅助生产费用，按照受益对象和受益数量，经分配后，转入“工程施工”、“机械作业”等科目
- 在会计期末，将归集在“待摊费用”科目的各项费用，按照一定的标准，分摊计入“工程施工”、“机械作业”等科目
- 在会计期末，应将由本月成本负担的“预提费用”，转入有关成本、费用科目
- 在会计期末，将归集在“机械作业”科目中的各项费用，按照受益对象和受益数量进行分配，计入“工程施工”科目
- 在会计期末，计算确定本期已完工工程的实际成本，并将已经完工的实际成本从“工程施工”科目的贷方结转到“工程结算”科目的借方。尚未完工的工程的实际成本仍然保留在“工程施工”科目中，不予结转

图 5－5　工程成本总分类核算的程序

（二）工程成本明细分类核算的程序

施工企业应当按照成本核算对象设置“工程成本明细账（卡）”，按照施工机械或运输设备的种类设置“机械作业明细账”，按照费用的种类或项目设置“待摊费用明细账”、“间接费用明细账”等，用于归集和分配各项施工生产费用。工程成本明细分类核算的程序如图 5－6 所示。

工程成本明细分类核算的程序

- 根据各种费用的原始凭证和有关费用分配计算表，将本期发生的施工费用，按照用途分别计入“工程成本明细账(卡)”、“机械作业明细账”、“待摊费用明细账”、“预提费用明细账”、“间接费用明细账”等
- 根据“待摊费用明细账”，编制“待摊费用计算表”，按照一定的标准分配计入“工程成本明细账(卡)”、“机械作业明细账”、“间接费用明细账”等
- 编制“预提费用计算表”，预提应当由本期承担的工程成本，分别计入“工程成本明细账(卡)”、“机械作业明细账”、“间接费用明细账”等
- 根据“机械作业明细账”和“机械使用台账”，编制“机械使用分配表”，将应当由成本核算对象承担的机械使用费分别计入“工程成本明细账(卡)”
- 根据“间接费用明细账”编制“间接费用明细表”，将归集在“工程施工——合同成本——间接费用”下的间接费用，分别计入各成本核算对象的“工程成本明细账(卡)”
- 在会计期末，各项施工费用全部计入“工程成本明细账（卡）”后，计算各个成本核算对象的本期已经完工工程的实际成本，并编制“工程成本表”，将已经完工的“工程成本卡”抽出归档保管

图 5－6　工程成本明细分类核算的程序

第三节　工程成本的会计核算

一、工程成本中材料费的归集和分配

(一) 材料费的概念及内容

工程成本中的“材料费”项目，包括在施工过程中耗用、构成工程实体或有助于工程形成的各种主要材料、结构件的实际成本以及周转材料的摊销及租赁费用。

（二）材料费用的会计核算方法及其归集

施工企业建筑安装活动中需要耗费大量的材料，材料品种非常多，大堆材料比重大，各工程往往在同一施工现场，同一时间进行施工。因此，材料费的分配应按照材料费领用的不同情况进行归集分配，并建立健全材料物资的管理制度。具体的归集方法见表5－4。

表5－4　材料费用的归集方法

情况	归集方法
能点清数量和分清用料对象的，能直接用于工程的材料，如钢材、木材、水泥等	通常按成本核算对象直接计入各工程成本的材料费用项目中
能点清数量、集中配料或统一下料的，如油漆、玻璃、木材等	应在领料凭证上注明“工程集中配料”字样，月末由材料管理人员或领用部门根据用料情况，结合材料消耗定额，编制“集中配料耗用分配表”，在各成本核算对象之间分配
不能点清数量，也很难立即分清用料对象的一些大堆材料，如砖、瓦、白灰、砂石等，几个单位工程共同使用	先由材料员或领料部门验收保管，月末实地盘点结存数量，然后根据月初结存数量与本月进料数量，倒轧本月实际数量，结合材料耗用定额，编制“大堆材料耗用计算单”，据以计入各成本核算对象的成本
其他不能点清数量，用于辅助生产部门、机械作业部门的各种材料	应分别计入“辅助生产”、“机械作业”账户的借方
实行材料节约奖，将节约的材料费分配个人的	应按材料节约的数额，直接计入各成本核算对象
成本计算期内已办理领料手续，但没有全部耗用的材料	应在期末进行盘点，填制“退料单”，作为办理退料的凭证，据以冲减本期材料费。工程施工后的剩余材料，应填制“退料单”，办理退料手续。施工过程中发生的残次料和包装物等，应尽量回收利用，并填制“废料交库单”估价入账，并冲减工程材料费

（续表）

情况	归集方法
周转材料	应根据各个工程成本核算对象在用的数量，按照规定的摊销方法计提当月的摊销额，并编制各种“周转材料摊销计算表”

月末，财会部门必须严格审核各种领退料凭证，并根据各种领料凭证、退料凭证及材料成本差异，编制“材料费分配表”，计算收益对象应分配的材料费。

（三）材料费用的分配

材料费用的分配，就是定期地将审核后的领料凭证，按材料的用途归类，并将应计入工程成本的材料费用计入工程成本，将不应计入工程成本的材料费计入各自费用项目。

周转材料应按受益的工程项目采用适当的方法计算摊销额计入各工程成本的材料费用项目。租用周转材料的租赁费，应直接计入受益工程项目。

低值易耗品的摊销可直接计入工程成本，应计入“工程施工”、“机械作业”等账户的借方，如摊销数额较大，则应先计入“待摊费用”账户，分期计入上述各账户。

材料费用的分配一般是根据各种领料凭证按各个成本计算对象汇总编制“耗用材料分配表”，汇总计算各成本计算对象耗用材料计划成本和分摊的材料成本差异。据以记入各项工程成本的材料费项目。

【例5－1】 2010年5月，泰山建筑工程公司第一工程处根据审核无误的各种领料凭证、大堆材料耗用分配表、周转材料摊销分配表等汇总编制的“材料费用分配表”，见表5－5。

根据“材料费用分配表”资料，作如下会计分录：

① 确认甲工程应承担的各种材料费用：

借：工程施工——甲工程——材料费	543 000	
贷：原材料——主要材料		185 000
原材料——结构件		350 000

表 5-5　材料费用分配表

单位：第一工程处　　　　2010 年 5 月　　　　单位：元

工程成本核算对象	主要材料								水泥预制件		其他材料		合计		
	钢材		水泥		其他主要材料		合计								
	计划成本	成本差异	计划成本	成本差异	计划成本	成本差异	计划成本	成本差异	计划成本	成本差异	计划成本	成本差异	计划成本	成本差异	
		-1%		2%		-4%		-0.5%		-1%		5%		超支	节约
甲工程	120 000	-1 200	50 000	1 000	15 000	-600	185 000	-800	350 000	-3 500	8 000	400	543 000		-3 900
乙工程	90 000	-900	30 000	600	12 000	-480	132 000	-780	70 000	-700	3 000	150	205 000		-1 330
合计	210 000	-2 100	80 000	1 600	27 000	-1 080	317 000	-1 580	420 000	-4 200	11 000	550	748 000		-5 230

　　　　原材料——其他材料　　　　8 000

② 对甲工程应该承担的材料成本差异进行调整：

借：工程施工——甲工程——材料费　　　　400

　　贷：材料成本差异——其他材料　　　　400

借：材料成本差异——结构件　　　　3 500

　　材料成本差异——主要材料　　　　800

　　贷：工程施工——甲工程——材料费　　　　4 300

③ 确认乙工程应承担的各种材料费用：

借：工程施工——甲工程——材料费　　　　205 000

　　贷：原材料——主要材料　　　　132 000

　　　　原材料——结构件　　　　70 000

　　　　原材料——其他材料　　　　3 000

④ 对乙工程应该承担的材料成本差异进行调整：

借：工程施工——甲工程——材料费　　　　150

　　贷：材料成本差异——其他材料　　　　150

借：材料成本差异——结构件　　　　700

　　材料成本差异——主要材料　　　　780

　　贷：工程施工——甲工程——材料费　　　　1 480

二、工程成本中人工费的归集和分配

(一) 人工费的概念和内容

工程成本中的人工费，是指在施工过程中直接参加施工生产的建筑安装工人以及在施工现场直接为工程制作构件和运料、配料等辅助生产工人的工资、工资性津贴、职工福利费和劳动保护费等。具体如图 5－7 所示。

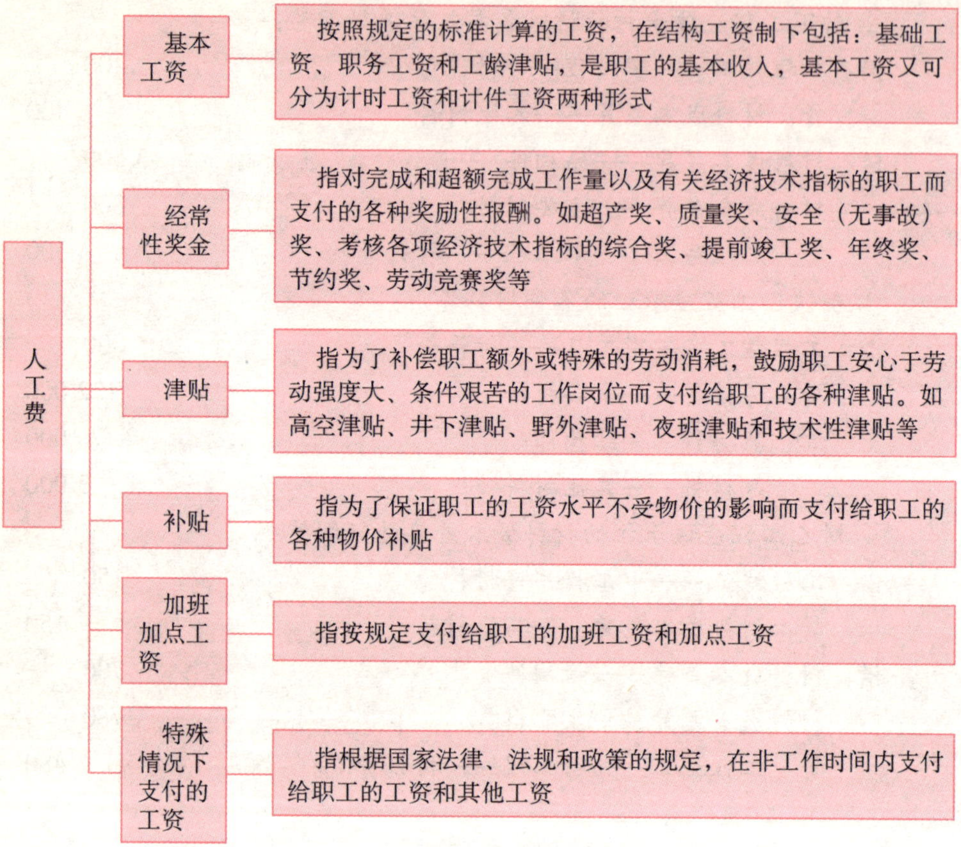

图 5-7　人工费的内容

（二）人工费的归集与分配

人工费的归集与分配如图 5-8 所示。

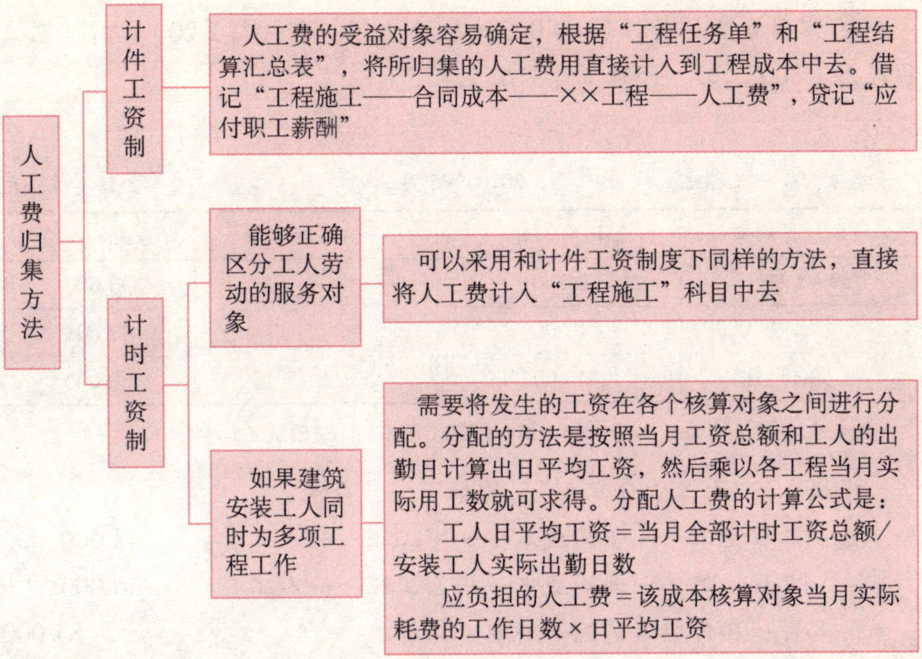

图5－8　人工费的归集和分配

【例5－2】　2010年5月，泰山建筑工程公司第一工程处本年度有甲、乙两个单位工程，分别计算工程成本。本月发生的人工资料如下：

①本月为折弯钢筋件支付的计件工资24 000元，这批钢筋件甲工程耗用5吨，乙工程耗用3吨。

工资分配标准＝24 000÷(3＋5)＝3 000(元)。

计件工资可以明确的归属到甲乙两个工程中，人工费分配见表5－6。

表5－6　人工费分配表(计件工资)

单位：第一工程处　　2010年5月　　金额单位：元

计件工资项目	甲工程	乙工程
钢筋折弯工资	15 000	9 000
合计	15 000	9 000

② 本月发生计时工资60 000元，其中甲工程耗用2 200工时，乙工程耗用1 800工时。计时工资分配见表5－7。

表5－7 人工费分配表(计时工资)

单位：第一工程处　　2010年5月　　金额单位：元

成本核算对象	耗用工时	平均工时工资	分配人工费
甲工程	2 200	15	33 000
乙工程	1 800		27 000
合计	4 000		60 000

注：表中，平均工时工资＝60 000÷(2200＋1800)＝15(元/工时)。

根据上述“人工费分配表”，作如下会计分录：

借：工程施工——合同成本——甲工程——人工费　　48 000

　　工程施工——合同成本——乙工程——人工费　　36 000

　　贷：应付职工薪酬——职工工资　　84 000

三、机械使用费的归集和分配

工程成本项目中的“机械使用费”，指建筑安装工程施工过程中使用施工机械所发生的费用(包括机上操作人员人工费，燃料、动力费，机械折旧、修理费，替换工具及部件费，润滑及擦拭材料费，安装、拆卸及辅助设施费，养路费，牌照税，使用外单位施工机械的租赁费，以及保管机械而发生的保管费等)和按照规定支付的施工机械进出场费等。

(一)施工机械的管理

目前，对施工机械的管理一般分为对中小施工机械和大型施工机械两种管理方法，具体如图5－9所示。

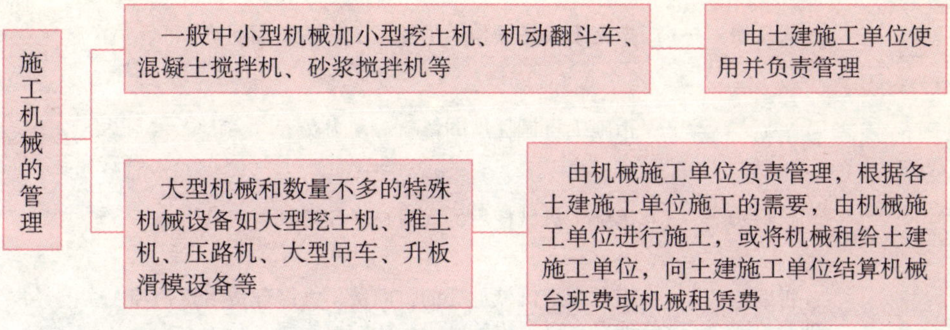

图 5-9 施工机械的管理方法

(二)施工机械的分类

施工企业使用的施工机械可分为租赁的(包括向企业外部和向企业内部独立核算的机械供应站租赁)和自行管理的两种，它们的会计核算方法不同。对于施工企业各工程项目租赁施工机械而支出的租赁和进出场费，应根据结算账单直接计入有关各工程成本“机械使用费”项目，不通过“机械作业”账户。账务处理见如下分录。

借：工程施工——合同成本——××工程(机械使用费)　　×××

　　贷：银行存款　　×××

对于自有施工机械，其使用过程中发生的费用应首先按机组或单机归集，计算每台班的实际成本，然后根据各个成本核算对象使用台班数，确定应计入各成本核算对象的机械使用费。进行机械作业所发生的各项费用的归集和分配，通过“机械作业”账户进行，并按照机械设备的类别设置明细账，按规定的成本项目归集费用。费用项目的确定通常应和机械台班预算定额的构成内容一致，以便计算出来的台班实际成本与定额相比较，费用发生计入该账户的借方；月末根据归集的费用和设备作业时间计算各类机械的台班成本或按适当的标准分配计入各项工程成本的“机械使用费”项目，同时计入“机械作业”账户的贷方。

(三)机械使用费包括的内容

为了便于与预算数对比分析，机械使用费的内容要和机械台班费定额中规定的内容相同，具体如图 5-10 所示。

机械使用费内容

项目	内容
人工费	指施工设备操作人员的工资和职工福利费
燃料、动力费	指施工机械耗用的燃料、动力费
材料费	指施工机械耗用的润滑材料和擦拭材料等
折旧修理费	指对施工机械计提的折旧费、大修理费用摊销和发生的经常修理费，以及租赁施工机械的租赁费
替换工具、部件费	指施工机械上使用的传动皮带、轮胎、胶皮管、钢丝绳、变压器、开关、电线、电缆等替换工具和部件的摊销和维修费
运输装卸费	指将施工机械运到施工现场、远离施工现场（若运往其他现场，运出费用由其他施工现场的工程成本负担）和在施工现场范围内转移的运输、安装、拆卸及试车等费用
辅助设施费	指为使用施工机械而建造、铺设的基础、底座、工作台、行走轨道等费用。施工机械的辅助设施费，如果数额较大，也应先记入“待摊费用”、“递延资产”或“长期待摊费用”科目，然后按照在现场内施工的期限，分次从“待摊费用”、“递延资产”或“长期待摊费用”科目转入“机械作业”或“生产成本——机械作业成本”科目，摊入各月工程成本
养路费、牌照费	指为施工运输机械（如铲车等）交纳的养路费和牌照税
间接费用	指机械施工单位组织机械施工、保管机械发生的费用和停机棚的折旧、维修费等。如果是内部独立核算单位，应设置间接费用明细分类账，进行明细分类核算

图 5－10　机械使用费内容

至于施工机械所加工的各种材料，如搅拌混凝土时所用的水泥、砂、石等，应记入工程成本的“材料费”项目，为施工机械担任运料、配料和搬运成品的工人的工资，应记入工程成本的“人工费”项目。

(四)机械使用费的分配方法

(1)按施工机械的实际台时(或完成工程量)分配机械使用费。

月末，根据各类机械明细账借方发生额及实际作业台班数计算台班成本，编制“机械使用费分配表”并计入“工程施工——合同成本”账户借方，同时记入“机械作业”账户贷方；当月“机械作业”账户发生的费用一般当月分配完毕，月末没有余额。

【例5-3】 2010年6月，泰山建筑工程公司第一工程处的一台吊车和一台铲车分别对本公司的甲、乙两处工程进行了机械作业。机械作业——吊车机械使用费明细科目的借方发生额为47 380元，吊车实际作业情况为甲工程132小时，乙工程68小时。机械作业——铲车机械使用费明细科目的借方发生额为60 000元，铲车实际作业情况为甲工程90小时，乙工程160小时。

请编制机械使用费分配表，并进行相应的帐务处理。

机械使用费分配表见表5-8。

表5-8　机械使用费分配表

2010年6月份　　单位：元

受益对象	吊车			挖土机			合计
	台班数	每台班成本	金额	台班数	每台班成本	金额	
甲工程	132		31 270.80	90		21 600.00	52 870.80
乙工程	68	236.90	16 109.20	160	240	38 400.00	54 509.20
合计	200		47 380.00	250		60 000.00	107 380.00

① 依据机械使用费分配表，对甲工程应分摊的机械使用费进行如下的帐务处理：

借：工程施工——合同成本——甲工程　　52 870.80
　贷：机械作业——吊车　　31 270.80
　　　机械作业——铲车　　21 600.00

② 依据机械使用费分配表，对乙工程应分摊的机械使用费进行如下的帐务处理：

借：工程施工——合同成本——乙工程　　54 509.20

　　贷：机械作业——吊车　　16 109.20

　　　　机械作业——铲车　　38 400.00

(2)先按机械的计划台时费对机械使用费进行分配，然后依据计划机械使用费与实际机械使用费之间的比值调整为实际机械使用费的方法。

为了简化计算手续，对于各种中型施工机械的机械使用费，可在月终先根据“机械使用月报”中各种机械的工作台时(或完成工程量)合计和该种机械台时费计划数，算出当月按台时费计划数计算的机械使用费合计，再计算实际发生的机械使用费占按台时费计划数计算的机械使用费计划数合计的百分比，然后将各个成本计算对象按台时费计划数计算的机械使用费计划数，按算得的百分比加以调整：

按台时费计划数计算的机械使用费合计 = ∑(机械工作台时合计 × 该机械台时费计划数)

某项工程应分配的机械使用费 = ∑(该项工程使用机械的工作台时 × 机械台时费计划数) × (实际发生的机械使用费/按台时费计划数计算的机械使用费合计)

上述内容具体操作步骤如图5－11所示。

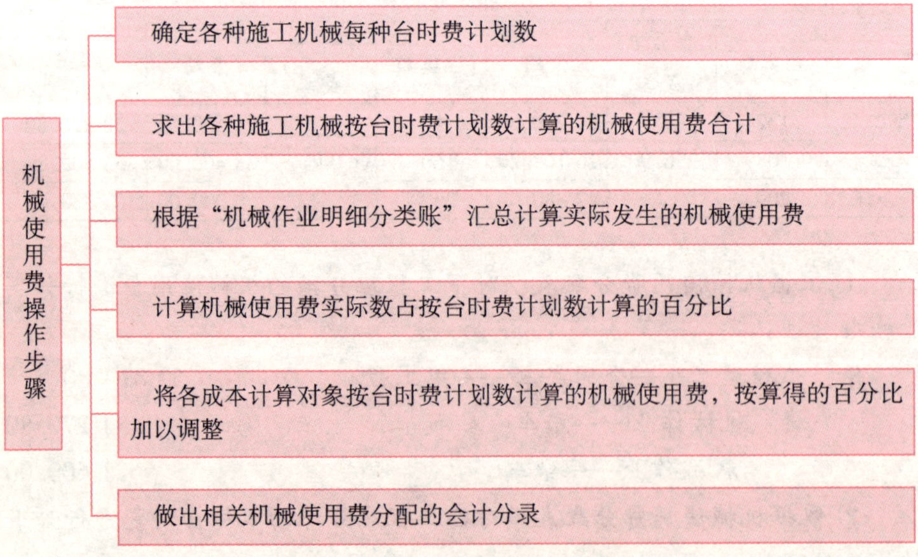

图5－11　机械使用费操作步骤

【例5－4】 泰山建筑工程公司机械施工的情况见表5－9，2010年6月该企业“机械作业明细分类账”汇总计算实际发生的机械使用费为37 560元。

表5－9 机械使用费资料

2010年6月份

施工机械名称	计划台时费（元/台时）①	本期实际使用台时（台时）②	合计③＝①×②	实际机械施工费
履带挖土机	50	380台时（其中：甲工程280台时，乙工程70台时，丙工程30小时）	19 000	23 600
混凝土搅拌机	15	180台时（其中：甲工程90台时，B工程40台时，丙工程50台时）	2 700	2 500
吊车	80	120台时（其中：甲工程80台时，乙工程40台时，丙工程0台时）	9 600	11 460
合计			31 300	37 560

依据以上的数据，请先按机械的计划台时费对机械使用费进行分配，然后依据计划机械使用费与实际机械使用费之间的比值调整为实际机械使用费，并进行相应的帐务处理。

计算与处理的步骤如下：

① 各种施工机械按台时费计划数计算的机械使用费合计为31 300元。

② 该企业“机械作业明细分类账”汇总计算实际发生的机械使用费为37 560元。

③ 机械使用费实际数占按台时费计划数计算的百分比＝37 560÷31 300＝1.20。

④ 各成本计算对象按台时费计划数计算的机械使用费，按算得的百分比加以调整后的结果见表5－10。

表 5-10 机械使用费分配表

2010 年 6 月　　单位：元

工程名称	履带挖土机			混凝土搅拌机			吊车			按计划数计算的机械使用费总额	调整比例	调整后的机械使用费
	计划数(元/台)	实际工时	总费用	计划数(元/台)	实际工时	总费用	计划数(元/台)	实际工时	总费用			
甲工程	50	280	14 000	15	90	1 350	80	80	6 400	21 750	1.2	26 100
乙工程		70	3 500		40	600		40	3 200	7 300		8 760
丙工程		30	1 500		50	750			0	2 250		2 700
										0		0
合计		380	19 000		180	2 700		120	9 600	31 300		37 560

根据表 5-10 和表 5-11，其机械使用费分配的会计分录为：

借：工程施工——合同成本——甲工程　　26 100
　　工程施工——合同成本——乙工程　　8 760
　　工程施工——合同成本——丙工程　　2 700
　　贷：机械作业——挖土机　　23 600
　　　　机械作业——搅拌机　　2 500
　　　　机械作业——吊车　　11 460

四、工程成本中辅助生产费用的归集和分配

施工企业一般都设置若干个非独立核算的辅助生产部门。辅助生产部门主要是为工程施工服务，包括机修车间、木工车间、供水站、供电站、混凝土搅拌站、运输队等。为工程施工、管理部门和企业内部其他部门提供产品(如材料、构件、水、电等)和劳务(设备维修、安装)等。

由于新《企业会计准则》取消了"辅助生产"科目，辅助生产部门所发生的各项费用的归集和分配，首先通过"生产成本——辅助生产"账户进行，并按辅助生产车间、单位和产品、劳务的品种设置三级明细账，按规定的成本项目归集费用。

对于辅助生产费用金额较大，业务发生频繁的企业，在不违反会计准则中确认、计量和报告规定的前提下，也可以根据本单位的实际情况单独

设立“辅助生产”科目，本书就采用了这种方式。

辅助生产费用发生后，记入该账户的借方，月末根据归集的费用计算产品、劳务的总成本和单位成本，然后再按各工程和部门的受益数量分配计入各项工程成本、机械作业成本以及其他费用项目中，同时记入“辅助生产”账户贷方。期末若有借方余额，为在产品实际成本。

辅助生产费用常用的分配方法有：直接分配法、一次交互分配法、计划成本分配法和代数分配法等。由于施工企业辅助生产一般规模较小，品种比较单一，各辅助生产单位之间相互服务数量也较少，因此，多采用直接分配法。

所谓直接分配法，就是将各辅助生产单位所实际发生的全部费用，直接分配给辅助生产单位以外的各受益单位，而不考虑各辅助生产单位之间相互服务情况的一种分配方法。

【例5-5】 泰山建筑工程公司运输队本月发生各种费用共261 900元，已根据有关凭证登记入账，如表5-11辅助生产费用明细账所示。

该公司发生辅助生产费用时，进行的帐务处理如下：

借：辅助生产　786 270

　　贷：原材料　387 600

　　　　应付职工薪酬　228 000

　　　　累计折旧　151 980

　　　　工程施工——合同成本——其他直接费　15 090

　　　　制造费用　3 600

表5-11　辅助生产费用明细账

类别：运输费　　2010年6月份　　单位：元

日期		凭证及摘要	借方						贷方
月	日		人工费	燃料及动力费	折旧及修理费	其他直接费	间接费用	合计	
6	30	材料分配表		387 600		15 090		402 690	
		折旧计算表			53 000			53 000	
		修理费			96 000			96 000	

（续表）

日期		凭证及摘要	借方						贷方
月	日		人工费	燃料及动力费	折旧及修理费	其他直接费	间接费用	合计	
6	30	低值易耗品摊销			2 980			2 980	
		工资分配表	228 000					228 000	
		分配制造费用						0	
		分配运输费					3 600	3 600	
		合计	228 000	387 600	151 980	15 090	3 600	786 270	786 270

月末，根据各辅助生产明细账借方发生额及实际提供的产品、劳务数量，编制“辅助生产费用分配表”，见表5-12。

表5-12 辅助生产费用分配表

类别：运输费　　2010年6月份　　单位：元

受益对象	受益数量（吨公里）	分配系数	金额
甲项目部	32 160	5	160 800
乙项目部	15 440		77 200
其中：1号工程	6 800		34 000
2号工程	8 640		43 200
公司总部	24 609		123 045
合计	72 209		361 045

根据分配表作会计分录如下：

借：工程施工——合同成本——甲项目部　　160 800
　　工程施工——乙项目部　　77 200
　　管理费用　　123 045
　　贷：辅助生产　　361 045

五、其他直接费的归集和分配

其他直接费是指不包括在人工费、材料费、机械使用费项目内而在预算定额以外，在施工现场发生的材料二次搬运费、临时设施摊销费、生产工具用具使用费、检验试验费、工程定位复测费、工程点交费及场地清理费等。

施工企业发生的其他直接费，凡是能分清成本对象的，应直接计入各受益的工程成本核算对象下的“其他直接费用”项目中。当由于是几个工程共同发生，不能直接确定成本核算对象的其他直接费，可以先行汇总在“其他直接费”明细账中归集，并按照定额用量预算费用或以工程的工料成本作为分配基数，月末或竣工时编制“其他直接费分配表”分配计入各成本核算对象。

【例5-6】 某建筑公司第一工程处，本月发生其他直接费19 000元。其中分配给1号工程12 000元，2号工程7 000元。账务处理程序如以下分录。

借：工程施工——合同成本——1号工程　　12 000

　　工程施工——合同成本——2号工程　　7 000

　　贷：工程施工——合同成本——其他直接费　　19 000

六、间接费用的归集和分配

(一)间接费用的内容

建筑安装工程成本中除了各项直接费外，还包括企业所属各施工单位，如工程处、施工队、项目经理部为施工准备、组织和管理施工生产所发生的各项费用。这些费用不能确定其为某项工程所应负担，因而无法将它直接记入各个成本计算对象。为了简化核算手续，可将它先记入“工程施工——间接费用”或“生产成本——工程施工成本——间接费用”科目，然后按照适当分配标准，将它记入各项工程成本。

为了编制施工单位间接费用计划，组织间接费用的明细分类核算，以便据以考核费用预算的执行结果，分析各项费用增减变动的原因，进一步节约费用开支，降低工程成本，间接费用应按有关规定分设明细项目，具体见表5-13。

表 5-13　间接费用明细项目

间接费用明细项目	内容
临时设施摊销费	指为保证施工和管理的正常进行而建造的各种临时性生产和生活设施，如临时宿舍、文化福利及公用设施，仓库、办公室、加工厂，以及规定范围内道路、水、电管线等临时设施的摊销费
管理人员工资	指施工单位管理人员的工资、奖金和工资性津贴
职工福利费	指按照施工单位管理人员工资总额的14%提取的职工福利费
劳动保护费	指用于施工单位职工的劳动保护用品和技术安全设施的购置、摊销和修理费，供职工保健用的解毒剂、营养品、防暑饮料、洗涤肥皂等物品的购置费或补助费，以及工地上职工洗澡、饮水的燃料费等
办公费	指施工单位管理部门办公用的文具、纸张、账表、印刷、邮电、书报、会议、水电、烧水和集体取暖(包括现场临时宿舍取暖)用煤等费用
差旅交通费	指施工单位职工因公出差期间的旅费、住勤补助费，市内交通费和误餐补助费，职工探亲路费，劳动力招募费，职工离退休、退职一次性路费，工伤人员就医路费，工地转移费，以及现场管理使用的交通工具的油料、燃料、养路费及牌照费等
折旧费	指施工单位施工管理和试验部门等使用属于固定资产的房屋、设备、仪器，以及不实行内部独立核算的辅助生产单位的厂房等的折旧费
修理费	指施工单位施工管理和试验部门等使用属于固定资产的房屋、设备、仪器，以及不实行内部独立核算的辅助生产单位的厂房等的经常修理费和大修理费
工具用具使用费	指施工单位施工管理和试验部门等使用不属于固定资产的工具、器具、家具和检验、试验、测绘、消防用具等的购置、摊销和维修费
保险费	指施工管理用财产、车辆保险费，以及海上、高空、井下作业等特殊工种安全保险费
工程保修费	指工程竣工交付使用后，在规定保修期以内的修理费用。应采用预提方式计入
其他费用	指上列各项费用以外的其他间接费用，如工程排污费等

从间接费用明细项目中，可以看出它与材料费等变动费用不同。它属于相对固定的费用，其费用总额并不随着工程量的增减而成比例的增减。但就单位工程分摊的费用来说，则随着工程数量的变动成反比例的变动，即完成工程数量增加，单位工程分摊的费用随之减少；反之，完成工程数量减少，单位工程分摊的费用随之增加。因此，超额完成工程任务，也可降低工程成本。

(二)间接费用的归集和分配

间接费用属于共同费用，难以分清受益对象。为了归集和分配间接费用，企业应在“制造费用”账户下进行核算，汇总本期发生的各种间接费用，并按费用项目进行明细核算。

当间接费用发生时计入“制造费用”科目的借方；月末将归集的费用采用一定的标准全数分配，借记相应的工程成本项目，贷记“制造费用”科目，月末应该没有余额。其分配标准因工程类别不同而有所不同：

(1)土建工程一般应以工程成本的直接费用为分配标准。

(2)安装工程应以安装工程的人工费用为分配标准。在实际工作中，由于施工单位施工的工程往往有土建工程和安装工程，有时辅助生产单位生产的产品或劳务可能还会对外销售，所以施工单位的间接费用一般要经过两次分配，一次是在不同类的工程、劳务和作业间进行分配，另一次是在同类的工程、劳务和作业间进行分配。对间接费用两次分配的介绍见表5－14。

表5－14　间接费用的两次分配

间接费用的两次分配	对应含义和计算公式
第一次分配	第一次分配是将发生的全部间接费用在不同类的工程、劳务和作业间进行分配。一般是以各类工程、劳务和作业中的人工费为基础进行分配，其计算公式如下： 间接费用分配率＝间接费总额/各类工程(劳务、作业)成本中人工费总额×100% 某类工程应分配的间接费用＝该类工程成本中的人工费×间接费分配率

（续表）

间接费用的两次分配	对应含义和计算公式
第二次分配	间接费用的第二次分配是将第一次分配到各类的工程间接费用再分配到本类的工程、劳务和作业中去。第二次分配是按各类工程、劳务和作业发生的直接费用或人工费为基础进行分配的，其计算公式如下： ① 土建工程：以工程的直接成本（即人工费、材料费、机械使用费、其他直接费之和）实际发生数或已完工程直接费预算数为标准进行分配。 间接费用分配率 = 建筑工程分配的间接费总额/全部土建工程直接费总额 × 100% 某土建工程应分配的间接费用 = 该土建工程直接费 × 间接费分配率 ② 安装工程：以工程实际发生人工费或已完工程人工费预算数作为标准分配。 间接费用分配率 = 安装工程应分配的间接费总额/各安装工程人工费总额 × 100% 某安装工程应分配的间接费用 = 该安装工程人工费 × 间接费分配率

另外，在实际核算工作中，对于间接费用的分配，若已给出间接费用定额，也可采用先计算本月实际发生的间接费用与按间接费用定额计算的间接费用的百分比，再将各项建筑安装工程按定额计算的间接费用进行调整。即：

某项工程本月应分配的间接费用 = 该项工程本月实际发生的直接费或人工费 × 该项工程规定的间接费用定额 × 本月实际发生的间接费用/∑（各项工程本月实际发生的直接费或人工费 × 各项工程规定的间接费用定额）

【例 5-7】 泰山建筑公司道路工程处在 2010 年 6 月只有甲、乙两处建筑工程，没有安装工程和劳务。本月间接费用的发生情况见表 5-15 间接费用明细账，该公司的间接费用采用直接分配法，按照各个工程项目所耗费的直接费用为依据进行分配，本月甲工程发生直接费用 1 500 000 元，乙工程发生直接费用 1 300 000 元。

请编制间接费用分配表，并进行相应的会计处理。

表 5-15　间接费用明细账

单位名称：道路工程处　　　　单位：元

日期		凭证及摘要	借方										贷方
月	日		工作人员工资	奖金	职工福利费	办公费差旅费	固定资产及工具使用费	劳动保护费	工程保修费	财产保险费	其他	合计	
6	9	工资汇总分配表	25 800	32 500								58 300	
6	12	以银行存款支付				12 000		9 290	12 600	7 465	1 700	43 055	
6	15	以现金支付费用				6 825		4 394	12 806			24 025	
6	30	折旧计算表					6 800					6 800	
6	30	低耗品摊销表						1 620				1 620	
6	30	材料汇总分配表					6 200					6 200	
6	30	分配间接费用											140 000
		合计	25 800	32 500	0	18 825	13 000	15 304	25 406	7 465	1 700	140 000	140 000

间接费用分配表见表5－16。

表5－16 间接费用分配表

2010年6月份 单位：元

工程项目	直接费	分配系数	金额
甲工程	1 500 000	0.05	75 000
乙工程	1 300 000		65 000
合计	2 800 000		140 000

分配系数＝140 000÷2 800 000＝0.05。

根据分配表作会计分录：

借：工程施工——合同成本——甲工程 75 000

工程施工——合同成本——乙工程 65 000

贷：制造费用 140 000

第四节 工程成本结算

一、月度工程成本结算

施工企业的各项生产费用，按上节所述在各成本核算对象之间进行归集和分配以后，应计入本月各成本核算对象的生产费用，全部归集在“工程施工——合同成本”账户的借方和有关的成本计算单中。

月末，对于已经竣工的工程，自开工到竣工计入该工程成本的全部生产费用，就是该工程的竣工成本；对于尚未竣工或正在施工的工程，还应将本月发生的生产费用和月初结转的上月末未完施工的生产费用之和，在本月已完工程和月末未完施工的成本之间进行分配。

月初未完工程成本＋本月生产费用＝已完工程成本＋月末未完工程成本

二、未完工程成本的计算

施工企业的已完工程，从理论上来说，应指在企业范围内全部竣工，不再需要进行任何施工活动的工程，即竣工工程。但是由于建筑安装工程施工周期长，如果等到工程竣工之后再结算工程成本，不能发挥成本计算在企业管理中的作用，也就满足不了企业管理的需要。因此为了有利于企业经济核算，加速资金周转，及时检查成本计划，考核经济效果。现行制度规定：凡是已经完成预算定额所规定的全部工序，在本企业不需要再进行任何加工的分部分项工程，称为已完工程(或已完施工)。分部分项工程虽不具有完整的使用价值，也不是竣工工程，但是由于在企业内已完成全部施工活动，已可确定工程数量和工程质量，故可将它视为已完工程，计算它的预算成本和预算价值，向客户收取工程价款。对虽已投入人工、材料进行施工，但尚未达到预算定额规定的全部工程内容的一部分工序，则称为未完施工(或未完工程)，不能据以收取工程价款。例如砖墙抹石灰砂浆工程，按工程预算定额规定的工程内容为修整表面、清扫、抹灰、抹平、罩面、压光、作护角等工序。如果某房屋砖墙抹石灰浆工程在月末时已完成了上述全部工程内容，就应作为“已完工程”计算；如果只完成了其中一部分工序，则应算作“未完施工”。

未完工程成本的计算，通常是由统计人员月末到施工现场实地丈量盘点未完施工实物量，并按其完成施工的程度折合为已完工程数量，根据预算单价计算未完工程成本。计算公式如下：

未完工程成本 = 未完施工实物量 × 完工程度 × 预算单价

期末未完工程成本一般不负担管理费。如果未完施工工程量占当期全部工程量的比重很小或期初与期末数量相差不大，可以不计算未完工程成本。

根据计算结果填制“未完施工盘点单”，并计入“工程成本计算单”，即可据以结转已完工程实际成本。

【例5-8】 泰山建筑工程有限公司在其承包的一处学校的建筑工程(甲工程)中，包括一项3 000平方米的风雨操场工程，该分部分项工程包括平整、硬化和铺设塑胶等三道工序。目前第二道工序应经完成。约等于已完工程量70%，折合已完工程量为：

折合已完工程量=3 000×70%=2 100平方米。

设每平方米涂料工程预算单价为220.00元，其中：人工费为33元，材料费为176元，机械费为11元。3 000平方米的风雨操场已完工程成本为：

2 100×220=462 000(元)。

再按预算单价所含工、料费比例进一步分解计算出人工费、材料费等。编制“未完施工盘点单”见表5-17。

表5-17 未完施工盘点单

编制：项目部 2010年6月份 单位：元

单位	分部分项工程		已完工序					其中			
工程名称	名称	预算单价	工序名称或内容	占分部分项工程比率	已做数量	折合分部分项工程量	预算成本	人工费	材料费	机械费	其他直接费
甲工程	塑胶风雨操场	220	已完成硬化	70%	3 000平方米	2 100平方米	462 000	69 300	369 600	23 100	
小计							462 000	69 300	369 600	23 100	

三、已完工程实际成本的计算

月末未完工程成本确定后，即可根据下列公式确定当月各个成本核算对象已完工程的实际成本。

已完工程实际成本=月初未完工程成本+本月生产费用-月末未完工程成本

根据各成本核算对象的“成本计算单”的实际成本，填入“已完工程成本表”中实际成本栏，据此结转本月已完工程实际成本，将已完工程的实际成本从“工程施工——合同成本”账户的贷方转入“主营业务成本”账户的借方。

四、已完工程预算成本的计算

已完工程实际成本确定以后，为了对比考察成本的升降情况和与客户进行结算，还要计算当月已完工程的预算成本和预算价值。

已完工程预算成本的计算是根据已完工程实物量，预算单价和间接费定额进行的。其计算公式如下：

已完工程预算成本 = ∑(实际完成工程量×预算单价)(1+ 间接费定额)

已完安装工程预算成本 = ∑(实际完成安装工程量×预算单价)+(已完安装工程人工费×间接费定额)

在实际工作中，已完工程预算成本通常是由统计部门于月末先行实地丈量已完工程实物量，再根据预算定额中预算单价和间接费定额，在“已完工程结算表”或“已完工程月报表”中进行计算。

“已完工程结算表”反映的是当月已完工程的预算总价值，由直接费、间接费、计划利润和税金四部分组成。直接费包括按预算单价计算的人工费、材料费、机械使用费、其他直接费。间接费包括按间接取费率计算的管理费和临时设施费，劳动保险费等构成的其他间接费。由于“已完工程结算表”中所提供的预算成本项目所包含内容和实际成本不完全一致，为了和工程实际成本的各个项目进行对比，就须根据“已完工程结算表”将属于预算成本范围的项目进行分解调整，具体见表5-18。

表5-18　“已完工程结算表”的调整项目

调整项目	(1)必须分别测算出公司机关管理费和施工单位管理费各自所占比重，将按综合取费率计算的间接费分开
	(2)包括在其他间接费中的临时设施费，已列入工程实际成本的其他直接费项目中，预算成本也应作相应调整
	(3)将预算成本中包括的综合性取费项目，如冬雨季施工增加费、夜间施工增加费等，应按所含工、料费比重分解为人工、材料费等项目，分别计入预算成本的相应项目

第五节　期间费用的会计核算

期间费用是指企业本期发生的，不能直接或间接归入企业成本，而是直接计入当期损益的各项费用。期间费用主要包括管理费用、销售费用和财务费用。

一、管理费用

管理费用的含义、内容和科目设置见表5－19。

表5－19　管理费用

管理费用含义	管理费用内容	“管理费用”科目
企业为组织和管理生产经营活动而发生的各种管理费用	企业在筹建期间发生的开办费、董事会和行政管理部门在企业的经营管理中发生的或者应由企业统一负担的公司经费(包括行政管理部门职工薪酬、物料消耗、低值易耗品摊销、办公费、差旅费)、工会经费、董事会费(包括董事会成员津贴、会议费和差旅费等)、聘请中介机构费、咨询费(含顾问费)、诉讼费、业务招待费、房产税、车船使用税、土地使用税、印花税、技术转让费、矿产资源补偿费、研究费用、排污费以及企业生产车间(部门)和行政管理部门发生的固定资产修理费等	核算管理费用的发生和结转情况。该科目借方登记企业发生的各项管理费用，贷方登记期末转入“本年利润”科目的管理费用，结转后该科目应无余额。该科目应按管理费用的费用项目进行明细核算

【例5－9】 某企业行政部9月份共发生费用224 000元，其中：行政人员薪酬150 000元，行政部专用办公设备折旧费45 000元，报销行政人员差旅费21 000元(假定报销人均未预借差旅费)，其他办公、水电费8 000元(均用银行存款支付)。会计分录如下：

借：管理费用　　224 000
　贷：应付职工薪酬　　150 000
　　累计折旧　　45 000
　　库存现金　　21 000
　　银行存款　　8 000

二、销售费用

销售费用的含义、内容和科目设置见表5－20。

表5－20　销售费用

销售费用含义	销售费用内容	“销售费用”科目
企业在销售商品和材料、提供劳务过程中发生的各项费用	企业在销售商品过程中发生的包装费、保险费、展览费和广告费、商品维修费、预计产品质量保证损失、运输费、装卸费等费用，以及企业发生的为销售本企业商品而专设的销售机构的职工薪酬、业务费、折旧费、固定资产修理费等费用	核算销售费用的发生和结转情况。该科目借方登记企业所发生的各项销售费用，贷方登记期末结转入“本年利润”科目的销售费用，结转后该科目应无余额。该科目应按销售费用的费用项目进行明细核算

【例5－10】　某公司销售部8月份共发生费用220 000元，其中：销售人员薪酬100 000元，销售部专用办公设备折旧费50 000元，业务费70 000元(均用银行存款支付)。会计分录如下：

借：销售费用　　220 000
　贷：应付职工薪酬　　100 000
　　累计折旧　　50 000
　　银行存款　　70 000

三、财务费用

财务费用的含义、内容和科目设置见表5－21。

表 5－21　财务费用

财务费用含义	财务费用内容	“财务费用”科目
企业为筹集生产经营所需资金等而发生的筹资费用	利息支出（减利息收入）、汇兑损益以及相关的手续费、企业发生的现金折扣或收到的现金折扣等	核算财务费用的发生和结转情况。该科目借方登记企业发生的各项财务费用，贷方登记期末结转入“本年利润”科目的财务费用。结转后该科目应无余额。该科目应按财务费用的费用项目进行明细核算

【例5－11】 某企业于2010年1月1日向银行借入生产经营用短期借款360 000元，期限6个月，年利率5%，该借款本金到期后一次归还，利息分月预提，按季支付。假定1月份其中120 000元暂时作为闲置资金存入银行，并获得利息收入400元。假定所有利息均不符合利息资本化条件。1月份相关利息的会计处理如下。

①1月末，预提当月份应计利息。

360 000×5%÷12＝1 500（元）。

借：财务费用　　1 500

　　贷：应付利息　　1 500

② 同时，当月取得的利息收入400元应作为冲减财务费用处理。

借：银行存款　　400

　　贷：财务费用　　400

第六章　收入的会计核算

本章导读

周期长、价值大是施工企业的生产特点，销售对象在生产开工前就已确定，因而不存在库存积压产品。由于施工企业的收入有多种确认方法，因而，财务处理也应分别对待，即一次性结算的工程可直接申报收入，进行工程结算收入实现。而按工程进度或按月确定工程收入的，应根据具体情况进行账务处理。

施工企业的收入分为建筑工程合同收入和其他业务收入。合同收入包括初始收入、追加收入，其中，追加收入的内容包括合同变更收入、索赔款收入、奖励款收入等。建造合同的核算包括收入与费用的核算。对于结果能够可靠估计的建造合同的收入和费用，一般按照合同完工进度法进行核算，而合同的完工进度有不同的计算方法；结果不能可靠估计的建造合同分为合同成本能够收回和不可能收回分别进行处理；工程价款的结算方式分为按月结算、分段结算和竣工后一次结算并有相应的账务处理方式；当工程完工时，"工程施工"科目将与"工程结算"科目结平。其他业务收入主要包括商品销售收入、让渡资产使用权收入等，其核算根据具体的业务特点有所不同。

本章的主要内容有：

1．收入概述；

2．建造工程合同收入的会计核算；

3．建造合同收入与费用的账务处理；

4．工程价款结算的核算；

5．其他业务收入的核算。

第一节　收入概述

一、收入的概念和特征

收入的概念和特征见表6－1。

表6－1　收入的概念和特征

收入的概念	收入的特征
企业在日常活动中形成的、会导致所有者权益增加的、与所有者投入资本无关的经济利益的总流入	①收入是企业在日常活动中形成的经济利益的总流入； ②收入会导致企业所有者权益的增加； ③收入与所有者投入资本无关

二、施工企业收入的主要内容

施工企业的营业收入是指企业在生产经营活动中，由于承包工程，销售产品，提供劳务等实现的收入，营业收入是企业生产经营成果的价值表现，是企业的一项重要财务指标。施工企业收入包含的主要内容如图6－1所示。

- 施工企业收入
  - 建造工程合同收入
    - 建造工程合同初始收入，指建造承包方与客户在双方签订合同中最初商定的合同总金额。它包括合同工程价款以及向客户收取的临时设施费、劳动保险费、施工机构调迁费等
    - 合同变更收入，是指因客户改变合同规定的作业内容增加的收入
    - 工程索赔款收入，是指因客户或第三方的原因造成的、由建造承包方向客户或第三方收取的、用以补偿不包括在合同造价中的成本款项
    - 奖励款，是指工程达到或超过规定的标准时，客户同意支付给建造承包方的额外款项
  - 其他业务收入
    - 产品销售收入，是指企业内部独立核算的生产单位销售产品取得的收入。如销售自制的各种建筑结构件，钢木门窗、砖、瓦、机械设备和机械配件等
    - 机械作业收入，是指企业或其所属内部独立核算单位的机械或运输设备对外单位或内部其他独立核算单位提供机械作业，运输作业等取得的收入
    - 材料销售收入，是指企业向其他企业(或内部独立核算单位)出售建筑材料或其他材料而获得的收入
    - 无形资产转让收入，是指无形资产对外转让实现的收入
    - 固定资产出租收入，是指企业对外单位出租机械设备等固定资产而取得的收入
    - 对外承包工程收入，是指企业承包国外工程，国内的外资工程和提供劳务获得的收入
    - 多种经营收入，指施工企业开展多种经营业务(如饮食，服务，商业等)而获得的收入
    - 其他兼营业务收入

图6－1　施工企业收入的主要内容

第二节　建造工程合同收入的会计核算

一、建造合同的概念和特征

建造合同的概念和特征见表6－2。

表6－2　建造合同的概念和特征

建造合同的概念	建造合同的特征
建造合同，是指为建造一项或数项在设计、技术、功能、最终用途等方面密切相关的资产而订立的合同。其中，所指资产主要包括房屋、道路、桥梁、水坝等建筑物以及船舶、飞机、大型机械设备等。由于本书主要针对建筑施工企业，如无特殊的说明，建造合同均指建造工程合同	①先有买主（即客户），后有标的（即资产），建造资产的造价在合同签订时就已经确定； ②资产的建设周期长，一般都要跨越一个会计年度，有的长达数年； ③所建造资产的体积大，造价高； ④建造合同一般为不可撤销合同

二、建造合同的类型

建造合同一般分为两种类型，即固定造价合同和成本加成合同，对两者的含义及区别的介绍如图6－2所示。

- 建造合同的类型
  - 固定造价合同：指按照固定的合同价或固定单价确定工程价款的建造合同。例如，第一建筑公司与客户签订一项高速公路施工合同，总里程为100公里，每公里单价为600万元。该合同就是固定造价合同
  - 区别：风险的承担者不同。固定造价合同中，由于工程价款已确定，使发包人的资产得以锁定，承包人的利润大小取决于承包合同实际成本的大小，因此固定造价合同风险主要由建造合同承包人来承担。在成本加成合同中，由于加成率或者定额费用固定，因此，建造合同成本越大，导致建造资产的成本也越高，因此建造成本加成合同的风险，主要由建造合同发包人承担
  - 成本加成合同：指以合同约定或其他方式议定的成本为基础，加上该成本的一定比例或定额费用确定工程价款的建造合同。例如，某建筑公司与客户签订一项建造污水处理设施的建造合同，双方约定以该设备的实际成本为基础，采用2%的加成率来计算合同总造价。该合同就是成本加成合同

图6－2　建造合同的类型

三、合同收入的内容

合同收入包括合同规定的初始收入和因合同变更、索赔、奖励等形成的收入两部分。合同规定的初始收入，即建造承包商与业主在双方签订的合同中最初商订的合同总金额，它构成了合同收入的基本内容。因合同变更、索赔、奖励等形成的收入并不构成合同双方在签订合同时已在合同中商订的合同总金额，而是在执行合同过程中由于合同变更、索赔、奖励等原因而形成的追加收入。

合同变更是指客户为改变合同规定的作业内容而提出的调整；索赔款是指因客户或第三方原因造成的、向客户或第三方收取的、用以补偿不包括在合同造价中成本的款项；奖励款是指工程达到或超过规定的标准，客户同意支付的额外款项。

（一）初始收入

初始收入是指建造承包商与客户征双方签订的合同中最初商订的合同总金额，它构成了合同收入的基本内容。

（二）追加收入

追加收入是指因合同变更、索赔、奖励等形成的收入，这部分收入并不构成合同双方在签订合同时已经在合同中商订的合同总金额，而是在执行合同过程中由于合同变更、索赔、奖励等原因而形成的追加收入。建造承包商不能随意确认这部分收入，只有在符合规定条件时才能构成合同总收入。

追加收入具体包括的内容见表6－3。

表6－3　追加收入的内容

追加收入的内容	对应的含义	确认的条件
合同变更收入	是指客户为改变合同规定的作业内容而提出的调整。合同的变更可能会导致最初的合同总金额发生变化	①客户能够认可因变更而增加的收入；②收入能够可靠地计量
索赔款收入	是指因客户或第三方的原因造成的、由建造承包商向客户或第三方收取的、用于补偿不包括在合同造价中的成本的款项	①根据谈判情况，预计对方能够同意这项索赔；②对方同意接受的金额能够可靠地计量
奖励款收入	是指工程达到或超过规定的标准时，客户同意支付给建造承包商的额外款项	①根据目前合同完成情况，足以判断工程进度和工程质量能够达到或超过既定的标准；②奖励金额能够可靠地计量

第三节　建造合同收入与费用的账务处理

一、应设置的会计科目

施工企业应根据实施建造合同所发生的经济业务，准确、及时地登记合同发生的实际成本和已办理结算的工程价款及实际已收取的工程价款，并根据工程施工进展情况，准确地确定合同完工进度，计量和确认当期的合同收入和费用。如果建造合同预计发生亏损，应计提损失准备。建造合同的科目设置及账务处理见表6－4。

表6－4　建造合同的科目设置及账务处理

<table>
<tr><th colspan="4">应设置的科目</th></tr>
<tr><th colspan="2">工程施工</th><th colspan="2">工程结算</th></tr>
<tr><th>情况</th><th>会计核算</th><th>情况</th><th>会计核算</th></tr>
<tr><td>企业进行合同建造时发生的人工费、材料费、机械使用费以及施工现场材料的二次搬运费、生产工具和用具使用费、检验试验费、临时设施折旧费等其他直接费用</td><td>借记“工程施工(合同成本)”科目，贷记“应付职工薪酬”、“原材料”等科目；发生的施工、生产单位管理人员职工薪酬、固定资产折旧费、财产保险费、工程保修费、排污费等间接费用，借记"工程施工(间接费用)"科目，贷记“累计折旧”、“银行存款”等科目。月末，将间接费用分配计入有关合同成本时，借记“工程施工(合同成本)”科目，贷记“工程施工(间接费用)”科目</td><td>企业向购买方办理工程价款结算时</td><td>按应结算的金额，借记“应收账款”等科目，贷记“工程结算”科目。合同完工时，将“工程结算”科目余额与相应的“工程施工”科目对冲，借记“工程结算”科目，贷记“工程施工”科目</td></tr>
<tr><td rowspan="2">根据建造合同准则确认合同收入、合同费用时</td><td rowspan="2">借记“主营业务成本”科目，贷记“主营业务收入”科目，按其差额，借记或贷记“工程施工(合同毛利)”科目</td><td rowspan="3">在建造合同未开工或实施过程中，如果合同的预计总成本超过总收入，则应当确认预计损失</td><td>未开工时，按其差额，借记“主营业务成本”科目，贷记“预计负债”科目</td></tr>
<tr><td>实施过程中，按其差额，借记“资产减值损失”科目，贷记“存货跌价准备——合同预计损失准备”科目</td></tr>
<tr><td>合同完工时</td><td>将“工程施工”科目金额与相应的“工程结算”科目对冲，借记“工程结算”科目，贷记“工程施工”科目</td><td>合同完工时，借记“预计负债”或“存货跌价准备——合同预计损失准备”科目，贷记“主营业务成本”科目</td></tr>
</table>

二、合同收入与合同费用的确认

(一)合同收入与合同费用确认的基本原则

合同收入与合同费用确认的基本原则如图 6－3 所示。

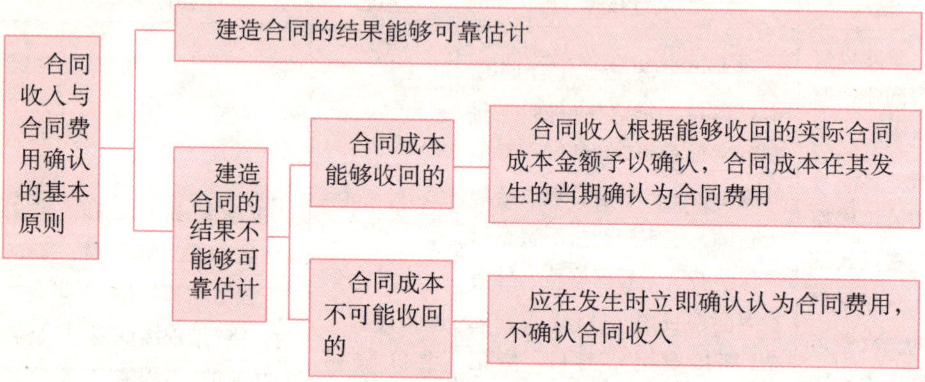

图 6－3　合同收入与合同费用确认的基本原则

(二)结果能够可靠估计的建造合同

建造合同的结果能够可靠估计的，企业应根据完工百分比法在资产负债表日确认合同收入和合同费用。完工百分比法是根据合同完工进度确认合同收入和费用的方法，运用这种方法确认合同收入和费用，能为报表使用者提供有关合同进度及本期业绩的有用信息，体现了权责发生制的要求。

1. 建造合同的结果能够可靠估计的认定标准

固定造价合同的结果能够可靠估认的认定标准如图 6－4 所示。

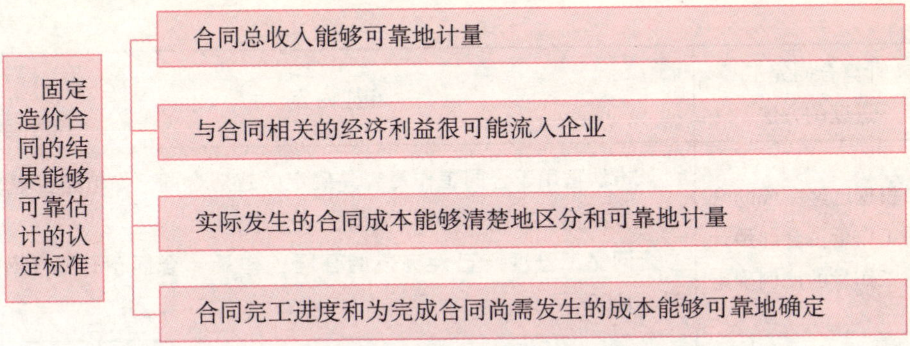

图6－4　固定造价合同的结果能够可靠估计的认定标准

成本加成合同的结果能够可靠估计的认定标准为：

(1)与合同相关的经济利益很可能流入企业；

(2)实际发生的合同成本能够清楚地区分和可靠地计量。

2. 完工进度的确定

确定合同完工进度有三种方法，具体见表6－5。

【例6－1】 建安公司签订了修建一条100公里高速公路的建造合同，合同规定的总金额为6 000万元，工期为3年。该公司第一年修建了30公里，第二年修建了40公里。根据上述资料，计算合同完工进度如下：

第一年合同完工进度＝30÷100×100%＝30%；

第二年合同完工进度＝(30＋40)÷100×100%＝70%。

表6－5　合同完工进度计算方法

计算合同完工进度的方法	相应内容
根据累计实际发生的合同成本占合同预计总成本的比例确定	该方法是确定合同完工进度比较常用的方法。计算公式如下： 合同完工进度＝累计实际发生的合同成本÷合同预计总成本×100% 累计实际发生的合同成本是指形成工程完工进度的工程实体和工作量所耗用的直接成本和间接成本，不包括与合同未来活动相关的合同成本(如施工中尚未安装、使用或耗用的材料成本)，以及在分包工程的工作量完成之前预付给分包单位的款项(根据分包工程进度支付的分包工程进度款，应构成累计实际发生的合同成本)

（续表）

计算合同完工进度的方法	相应内容
根据已经完成的合同工作量占合同预计总工作量的比例确定	该方法适用于合同工作量容易确定的建造合同，如道路工程、土石方挖掘、砌筑工程等。计算公式如下： 合同完工进度 = 已经完成的合同工作量 ÷ 合同预计总工作量 × 100%
根据实际测定的完工进度确定	该方法是在无法根据上述两种方法确定合同完工进度时所采用的一种特殊的技术测量方法，适用于一些特殊的建造合同，如水下施工工程等。需要注意的是，这种技术测量并不是由建造承包商自行随意测定，而应由专业人员现场进行科学测定

3. 完工百分比法的运用

确定建造合同的完工进度后，就可以根据完工百分比法确认和计量当期的合同收入和费用。当期确认的合同收入和费用可用下列公式计算：

当期确认的合同收入 = 合同总收入 × 完工进度 − 以前会计期间累计已确认的收入

当期确认的合同费用 = 合同预计总成本 × 完工进度 − 以前会计期间累计已确认的费用

当期确认的合同毛利 = 当期确认的合同收入 − 当期确认的合同费用

上述公式中的完工进度指累计完工进度。

对于当期完成的建造合同，应当按照实际合同总收入扣除以前会计期间累计已确认收入后的金额，确认为当期合同收入；同时，按照累计实际发生的合同成本扣除以前会计期间累计已确认费用后的金额，确认为当期合同费用。

【例 6－2】 泰山建筑公司于 2008 年 5 月开始承包一项办公用房的建筑工程，预计 2009 年 8 月完成。合同总造价 12 000 000 元，估计成本为 8 000 000 元，最后，实际的工程总成本将为 910 万元。这三年来，此项工程的成本投入情况见表 6－6。

表 6-6 工程的成本投入情况表

单位：万元

项目	2008 年	2009 年	2010 年
本年度实际投入成本	200	300	310
累计发生的成本	200	500	810
估计应继续投入的成本	600	300	0
应收工程结算款项	400	400	400
当年实际收回的工程款	350	450	400

由于此项建造合同的结果能够可靠估计，因此依据完工百分比法对每一年的成本收入进行确认，据累计实际发生的合同成本占合同预计总成本的比例确定完工百分比。请对每一年的经济业务进行相应的帐务处理。

(1)2008 年年末，应进行的帐务处理如下：

当年年底的完工进度 $=200\div(200+600)\times100\%=25\%$；

当期确认的合同收入 = 1 200 × 25% = 300(万元)；

当期确认的合同费用 = 800 × 25% = 200(万元)；

当期确认的合同毛利 = 300 − 200 = 100(万元)。

① 2008 年当工程领用材料、发生人工等累计发生的工程成本时：

借：工程施工——合同成本　　2 000 000

　　贷：原材料、应付职工薪酬等　　2 000 000

② 根据计算所得，2008 年度应确认的收入和毛利为：

借：工程施工——合同毛利　　1 000 000

　　主营业务成本　　2 000 000

　　贷：主营业务收入　　3 000 000

③ 根据合同规定，2008 年确认应收工程价款时：

借：应收账款——应收工程款　　4 000 000

　　贷：工程结算　　4 000 000

④ 2008 年收取工程价款时：

借：银行存款　　3 500 000

贷：应收账款——应收工程款　　3 500 000

(2)2009 年年末，应进行的帐务处理如下：

当年年底的完工进度 = 500 ÷ (500 + 300) × 100% = 62.5%；

当期确认的合同收入 = 1 200 × 62.5% − 300 = 450(万元)；

当期确认的合同费用 = 800 × 62.5% − 200 = 300(万元)；

当期确认的合同毛利 = 450 − 300 = 150(万元)。

① 2009 年当工程领用材料、发生人工等累计发生的工程成本时：

借：工程施工——合同成本　　3 000 000

　贷：原材料、应付职工薪酬等　　3 000 000

② 根据计算所得，2009 年度应确认的收入和毛利为：

借：工程施工——合同毛利　　1 500 000

　主营业务成本　　3 000 000

　贷：主营业务收入　　4 500 000

③ 根据合同规定，2009 年确认应收工程价款时：

借：应收账款——应收工程款　　4 000 000

　贷：工程结算　　4 000 000

④ 2009 年收取工程价款时：

借：银行存款　　4 500 000

　贷：应收账款——应收工程款　　4 500 000

(3)2010 年 10 月末，工程竣工后应进行的帐务处理如下：

当年年底的完工进度 = (200 + 300 + 310) ÷ 810 × 100% = 100%；

当期确认的合同收入 = 1 200 × 100% − 300 − 450 = 450(万元)；

当期确认的合同费用 = 810 × 100% − 200 − 300 = 310(万元)；

当期确认的合同毛利 = 450 − 310 = 140(万元)。

① 2010 年当工程领用材料、发生人工等累计发生的工程成本时：

借：工程施工——合同成本　　3 100 000

　贷：原材料、应付职工薪酬等　　3 100 000

② 根据计算所得，2010 年度应确认的收入和毛利为：

借：工程施工——合同毛利　　1 400 000

　主营业务成本　　3 100 000

贷：主营业务收入　　　　4 500 000

③ 根据合同规定，2010 年确认应收工程价款时：

借：应收账款——应收工程款　　　　4 000 000

贷：工程结算　　　　4 000 000

④ 2010 年收取工程价款时：

借：银行存款　　　　4 000 000

贷：应收账款——应收工程款　　　　4 000 000

(4)2010 年记录工程完工，结转工程成本时：

借：工程结算　　　　12 000 000

贷：工程施工——合同成本　　　　8 100 000

工程施工——合同毛利　　　　3 900 000

(三)结果不能可靠估计的建造合同

如果建造合同的结果不能可靠估计，则不能采用完工百分比法确认和计量合同收入和费用，而应区别以下两种情况进行会计处理，见表 6 – 7。

表 6 – 7　结果不能可靠估计的建造合同的会计处理

合同成本能够收回的	合同收入根据能够收回的实际合同成本予以确认，合同成本在其发生的当期确认为合同费用
合同成本不可能收回的	应在发生时立即确认为合同费用，不确认合同收入

【例 6 – 3】　泰山建筑公司与客户签订了一项总金额为 120 万元的建造合同。第一年实际发生工程成本 50 万元，双方均能履行合同规定的义务，但建筑公司在年末时对该项工程的完工进度无法可靠确定。

① 该公司不能采用完工百分比法确认收入。由于客户能够履行合同，当年发生的成本均能收回。所以公司可将当年发生的成本金额同时确认为当年的收入和费用，当年不确认利润。其帐务处理如下：

借：主营业务成本　　　　500 000

贷：主营业务收入　　　　500 000

② 如果该公司当年与客户只办理价款结算30万元，其余款项可能无法收回，在这种情况下，该公司只能将30万元确认为当年的收入，50万元应确认为当年的费用。其帐务处理如下：

借：主营业务成本　　500 000

　贷：主营业务收入　　300 000

　　工程施工——合同毛利　　200 000

如果使建造合同的结果不能可靠估计的不确定因素不复存在，就不应该再按照上述规定确定合同收入和费用，而应转为按照完工百分比法确认合同收入和费用。

③ 如果到了第二年，完工进度无法可靠估计的不确定因素消除。第二年实际发生成本为30万元，预计为完成合同尚需发生的成本为20万元，则企业应该确认的合同收入和费用如下：

第二年合同完工进度＝(50＋30)÷(50＋30＋20)×100%＝80%；

第二年确认的合同收入＝120×80%－30＝66(万元)；

第二年确认的合同成本＝(50＋30＋20)×80%－50＝30(万元)；

第二年确认的合同毛利＝66－30＝36(万元)。

账务处理如下：

借：主营业务成本　　300 000

　工程施工——合同毛利　　360 000

　贷：主营业务收入　　660 000

(四)合同预计损失的处理

建造承包商正在建造的资产，类似于工业企业的在产品，性质上属于建造承包商的存货，期末应当对其进行减值测试。如果建造合同的预计总成本超过合同总收入，则形成合同预计损失，应提取损失准备，并确认为当期费用。合同完工时，将已提取的损失准备冲减合同费用。

【例6-4】　泰山建筑公司签订了一项总金额为120万元的固定造价合同，最初预计总成本为100万元。第一年实际发生成本70万元。年末，预计为完成合同尚需发生成本55万元。该合同的结果能够可靠估计。该公司在年末应进行如下账务处理：

第一年合同完工进度=70÷(70+55)×100%=56%；

第一年确认的合同收入=120×56%=67.2(万元)；

第一年确认的合同费用=(70+55)×56%=70(万元)；

第一年确认的合同毛利=67.2-70=-2.8(万元)；

第一年预计的合同损失=[(70+55)-120]×(1-56%)=2.2(万元)。

第四节　工程价款结算的会计核算

一、工程价款结算的方式

施工企业对于已完工程或竣工工程，应与发包单位结算工程价款。建筑安装工程价款的结算，一般可采用以下几种方式，见表6-8。

“工程价款结算账单”是办理工程价款结算的依据。工程价款结算账单中所列应收工程款应与随同附送的“已完工程月报表”中的工程造价相符，“工程价款结算账单”除了列明应收工程款外，还应列明应扣预收工程款、预收备料款、发包单位供给材料价款等应扣款项，算出本月实收工程款。

表6-8　工程价款结算方式及会计处理

工程价款结算的方式	具体结算的会计处理
按月结算，即在月终按已完分部分项工程结算工程价款	施工企业在采用按月结算工程价款方式时，要先取得各月实际完成的工程数量，并按照工程预算定额中的工程直接费预算单价、间接费用定额和合同中采用利税率，计算出已完工程造价。实际完成的工程数量，由施工单位根据有关资料计算，并编制“已完工程月报表”，然后按照发包单位编制“已完工程月报表”，将各个发包单位的本月已完工程造价汇总反映。再根据“已完工程月报表”编制“工程价款结算账单”，与“已完工程月报表”一起，分送发包单位和经办银行，据以办理结算

（续表）

工程价款结算的方式	具体结算的会计处理
分段结算，即按工程形象进度划分的不同阶段（部位），分段结算工程价款	施工企业在采用分段结算工程价款方式时，要在合同中规定工程部位完工的月份，根据已完工程部位的工程数量计算已完工程造价，按发包单位编制“已完工程月报表”和“工程价款结算账单”
竣工后一次结算，即在单项工程或建设项目全部建筑安装工程竣工以后结算工程价款	实行完成合同后（竣工）一次结算工程价款办法的工程合同，应于合同完成、施工企业与客户进行工程价款结算时，确认工程结算收入的实现，实现的收入额为承发包双方结算的合同价款总额

为了保证工程按期收尾竣工，工程在施工期间，不论工程长短，其结算工程款，一般不得超过承包工程价值的95%，结算双方可以在5%的幅度内协商确定尾款比例，并在工程承包合同中订明。施工企业如已向发包单位出具履约保函或有其他保证的，可以不留工程尾款。

二、工程结算收入的核算

（一）核算结算收入时应设立的科目

为了反映施工企业已完工程结算收入，工程结算成本和工程结算税金及附加，应设置如下会计账户，见表6－9。

表6－9　核算结算收入时应设立的科目

项目	主营业务收入	主营业务成本	营业税金及附加	应收账款——应收工程款
设置目的	用以核算企业承包工程实现的工程价款收入，向客户收取的各种索赔款，以及按照规定列作营业收入的临时设施费，劳动保险费，施工机构迁移费等其他款项	用以核算企业已完工程的实际成本	用以反映企业因从事建筑安装生产活动取得工程价款结算收入而按规定缴纳的城市维护建设税和教育费附加等	用以核算企业与客户办理工程价款结算时，按照工程合同规定应向其收取的工程价款和按照规定标准单独计算收取的临时设施费和劳动保险费

（续表）

项目	主营业务收入	主营业务成本	营业税金及附加	应收账款——应收工程款
借贷科目	本账户贷方登记企业实现的工程价款收入和应向客户收取的临时设施费，劳动保险费及施工机构迁移费等其他款项；借方登记实现的工程价款转入“本年利润”账户的数额，转结后本账户应无余额	本账户借方登记本月办理已完工程价款结算的已完工程实际成本；贷方登记期末转入“本年利润”账户的数额，期末结转后无余额	本账户借方登记企业按规定计算出应缴纳的各种税金及附加费；贷方登记期末转入“本年利润”的数额，结转后本账户应无余额	本账户借方登记根据工程价款结算账单确定的工程价款和同工程价款一并向客户收取的临时设施费和劳动保险费；贷方登记收到的工程款，临时设施费，劳动保险费和根据工程合同规定扣还预收的工程款以及一定比例的预收备料款；余额在借方，反映尚未收到的应收工程款。本账户应按客户和工程合同进行明细分类核算

（二）核算工程结算收入的帐务处理

1. 非竣工结算方式的核算

非竣工结算就是定期结算。按照这种结算办法的规定，建筑安装企业可以向客户预收工程备料款和工程进度款。

现举例说明非竣工结算方式的核算方法。

【例 6－5】 某施工企业承包一项工程，工期 18 个月，施工图预算造价 1 200 000 元，工程合同规定按合同造价的 30% 预付备料款，工程款月中预支，月末按进度结算。

① 收到客户按合同规定拨付的预收备料款 360 000 元。分录如下：

借：银行存款　　360 000

　贷：预收账款——预收备料款（某单位）　　360 000

② 本月月中开出“工程款预支账单”，向客户预收工程款 60 000 元，已存入银行。分录如下：

借：银行存款　　60 000

　　贷：预收账款——预收工程款(某单位)　　60 000

③ 月末开出“工程价款结算账单”，向客户办理工程价款结算，本月完工价款 150 000 元。分录如下：

借：应收账款——应收工程款　　150 000

　　贷：工程结算　　150 000

④ 本月应扣还预收备料款 50 000 元，抵扣月中预收的工程款60 000 元。分录如下：

借：预收账款——预收工程款　　110 000

　　贷：应收账款——应收工程款　　110 000

⑤ 应另向发报单位收取临时设施费 5 000 元，劳动保险费 1 000 元。分录如下：

借：应收账款——应收工程款　　6 000

　　贷：工程结算　　6 000

⑥ 按规定税率计算并结转应交的营业税 3 480 元，城市维护建设税 244 元。分录如下：

借：营业税金及附加　　3 724

　　贷：应交税费——应交营业税　　3 480

　　　　　　　——应交城建税　　244

⑦ 结转本月已办理结算工程的实际成本 96 000 元。分录如下：

借：主营业务成本　　96 000

　　工程施工——合同毛利——某工程　　60 000

　　贷：主营业务收入　　156 000

⑧ 结转本月工程结算成本 96 000 元。作如下分录：

借：本年利润　　96 000

　　贷：主营业务成本　　96 000

⑨ 结转本月工程结算收入 156 000 元。作如下分录：

借：主营业务收入　　156 000

贷：本年利润 156 000

⑩ 收到客户46 000元的支票一张。作如下分录：

借：银行存款 46 000

贷：应收账款——应收工程款 46 000

最后工程全部完工，将“工程施工”和“工程结算”账户对冲。

2. 竣工结算方式的核算

【例6-6】 某施工企业年初承包一项工程，施工图预算造价500 000元。工程合同规定，按造价30%付备料款，其中20%由客户直接拨付水泥、钢材抵付备料款。工程价款竣工后一次性付款。

① 收到发包合同规定拨付的备料款50 000元。作如下分录：

借：银行存款 50 000

贷：预收账款——预收备料款 50 000

② 收到客户按规定拨付抵做备料款的水泥、钢材，预算价格为100 000元。该批钢材计划价格与预算价格相同。分录如下：

借：原材料——水泥、钢材 100 000

贷：预收账款——预收备料款 100 000

③ 年末工程按期竣工交付使用，企业开出“工程价款结算账单”向客户结算工程价490 000元。分录如下：

借：应收账款——预收工程款(某单位) 490 000

贷：工程结算——某工程 490 000

④ 从应收款中扣还客户预收的备料款。分录如下：

借：预收账款——预收工程款 1 500 000

贷：应收账款——应收工程款 1 500 000

⑤ 按工程价款收入计算并结转应交纳的营业税14 700元，城市维护建设税1 029元。分录如下：

借：营业税金及附加 15 729

贷：应交税费——应交营业税 14 700

——应交城建税 1 029

⑥ 结转该工程实际成本380 000元。分录如下：

借：主营业务成本　　380 000
　　工程施工——合同毛利——某工程　　110 000
　　贷：主营业务收入　　490 000

⑦ 结转该项工程结算成本 380 000 元。分录如下：

借：本年利润　　380 000
　　贷：主营业务成本　　380 000

⑧ 结转该项工程结算收入 490 000 元。分录如下：

借：主营业务收入　　490 000
　　贷：本年利润　　490 000

⑨ 收到客户转账支付的工程价款 340 000 元。分录如下：

借：银行存款　　340 000
　　贷：应收账款——应收工程款　　340 000

⑩ 用银行存款上交营业税 14 700 元和城市维护建设税 1 029 元。分录如下：

借：应交税费——应交营业税　　14 700
　　　　　　——应交城建税　　1 029
　　贷：银行存款　　15 729

最后工程完工，将“工程施工”和“工程结算”账户对冲。

借：工程结算　　490 000
　　贷：工程施工——合同成本　　380 000
　　　　　　　　——合同毛利　　110 000

3. 分包工程价款结算的核算

施工企业承包的工程，除了自行施工外，往往还要将其中的一部分工程分包给外单位施工，相互之间发生的工程价款结算的核算举例如下。

【例 6－7】 企业根据预付备料款额度，通过银行向分包单位预付备料款 27 600 元时，应记入“预付账款——预付分包备料款”科目的借方和“银行存款”科目的贷方：

借：预付账款——预付分包备料款　　27 600
　　贷：银行存款　　27 600

企业与发包单位办好手续，由发包单位拨给分包单位主要材料一批，计价2 000元，抵作预付备料款时，应记入“预付账款——预付分包备料款”科目的借方和“预收账款——预收备料款”科目的贷方：

借：预付账款——预付分包备料款　　2 000

　　贷：预收账款——预收备料款　　2 000

企业按工程分包合同规定，于月中根据工程进度预付给分包单位15 000元工程款时，应记入“预付账款——预付分包工程款”科目的借方和“银行存款”科目的贷方：

借：预付账款——预付分包工程款　　15 000

　　贷：银行存款　　15 000

月末根据经审核的分包单位提出的“工程价款结算账单”结算应付已完工程款32 000元时，应记入“工程施工”或“生产成本——工程施工成本”科目的借方和“应付账款——应付分包工程款”科目的贷方：

借：工程施工或生产成本——工程施工成本　　32 000

　　贷：应付账款——应付分包工程款　　32 000

企业根据合同规定，从应付分包工程款中扣除预付的工程款15 000元和预付备料款2 000元时，应记入“应付账款——应付分包工程款”科目的借方和“预付账款——预付分包工程款”、“预付账款——预付分包备料款”科目的贷方：

借：应付账款——应付分包工程款　　17 000

　　贷：预付账款——预付分包工程款　　15 000

　　　　预付账款——预付分包备料款　　2 000

从银行存款支付分包单位工程款15 000元(32 000－17 000)时，应记入“应付账款——应付分包工程款”科目的借方和“银行存款”科目的贷方：

借：应付账款——应付分包工程款　　15 000

　　贷：银行存款　　15 000

三、工程完工"工程施工"科目与"工程结算"科目的结平

施工企业为了正确组织合同工程成本的核算，应当根据工程合同确定的成本核算对象，开设成本明细账，把工程施工中发生的各种成本费用，及时计入按成本核算对象设置的成本明细账。当合同工程完工时，该明细账汇总的累计发生的费用，即为该项已完工程的实际成本。当工程完工时，将"工程施工"科目的余额，与"工程计算"的科目余额进行对冲。

【例6-8】 泰山工程本月完工，工程累计实际成本513 835元。累计结算工程价款620 000元，工程合同毛利106 165元，结转已完工程成本，作如下会计分录：

借：工程结算	620 000	
贷：工程施工——合同毛利——某工程		106 165
工程施工——合同成本——某工程		513 835

第五节 其他业务收入的会计核算

一、其他业务收入的确认

施工企业的其他业务收入一般包括产品销售收入、作业销售收入、材料销售收入和其他销售收入等。各种类型收入的确认条件如下。

（一）商品销售收入的确认

商品销售收入确认的条件见表6-10。

表 6－10　商品销售收入确认的条件

项目	确认的条件（要同时满足）
商品销售收入的确认	① 企业已将商品所有权上的主要风险和报酬转移给购货方；② 企业既没有保留通常与所有权相联系的继续管理权，也没有对已售出的商品实施有效控制；③ 收入的金额能够可靠地计量；④ 相关的经济利益很可能流入企业；⑤ 相关的已发生或将发生的成本能够可靠地计量。 注：商品包括企业为销售而生产的产品和为转售而购进的商品，如工业企业生产的产品、商业企业购进的商品等，企业销售的其他存货，如原材料、包装物等，也视同商品

企业销售商品应同时满足上述 5 个条件，才能确认收入。任何一个条件没有满足，即使收到货款，也不能确认收入。

（二）提供劳务交易结果能够可靠估计的条件

如果劳务是在同一会计年度开始并完成，应在完成劳务时确认。如果劳务的开始和完成分属不同的会计年度，在提供劳务交易结果能够可靠估计的情况下，应按完成百分比法确认营业收入。提供劳务交易的结果能够可靠估计，是指同时满足下列条件，见表 6－11。

表 6－11　满足的条件

项目	估计的条件（要同时满足）
提供劳务交易结果能够可靠估计的条件	① 收入的金额能够可靠地计量，是指提供劳务收入的总额能够合理地估计； ② 相关的经济利益很可能流入企业，是指提供劳务收入总额收回的可能性大于不能收回的可能性； ③ 交易的完工进度能够可靠地确定，是指交易的完工进度能够合理地估计，企业确定提供劳务交易的完工进度； ④ 交易中已发生和将发生的成本能够可靠地计量，是指交易中已经发生和将要发生的成本能够合理地估计

（三）让渡资产使用权取得收入的确认

施工企业出租机器设备的业务属于让渡资产使用权，让渡资产使用权收入主要包括两类，即利息收入和使用费收入。企业对外出租资产收取的租金、进行债权投资收取的利息、进行股权投资取得的股利，也属于让渡资产使用权形成的收入。

让渡资产使用权收入同时满足下列条件的，才能予以确认：一是相关的经济利益很可能流入企业；二是收入的金额能够可靠地计量。

二、其他业务收入的核算

施工企业的其他销售收入业务应通过“其他业务收入”和“其他业务成本”账户进行核算。为了分别反映产品销售、作业销售、材料销售和其他销售的销售收入和销售成本、销售税金，应在“其他业务收入”账户下设置“产品销售收入”，“作业销售收入”，“材料销售收入”等二级账户；在“其他业务成本”账户下设置“产品销售支出”，“作业销售支出”，“材料销售支出”等二级账户分别进行核算。

（一）产品销售核算

施工企业附属工业企业销售产品实现的销售收入，发生的销售成本和销售税金支出，应分别在“其他业务收入——产品销售收入”和“其他业务成本——产品销售支出”账户核算。

【例6-9】 泰山建筑工程公司所属水泥搅拌站销售水泥100吨，每吨售价400元，实际成本为每吨260元。该公司营业税率为3%，城市维护建设税为营业税的7%，教育费附加为营业税的3%。此笔销售业务应缴纳的营业税为1 200元，城建税为84元，教育费附加为36元。

注，泰山建筑工程公司是缴纳营业税的单位，对于其零散的销售业务，视为兼业收入，按缴纳营业税处理。

① 收到货款时，作如下分录：

借：银行存款　　40 000

　　贷：其他业务收入——产品销售收入　　40 000

② 结转成本时，作如下分录：

借：其他业务成本——产品销售支出	26 000	
贷：库存商品		26 000

③ 结转应交营业税、城建税和教育费附加，作如下分录：

借：其他业务成本——产品销售支出	1320	
贷：应交税费——应交营业税		1 200
应交税费——应交城建税		84
应交税费——应交教育费附加		36

④ 月份终了，应将“其他业务收入——产品销售收入”，“其他业务成本——产品销售支出”账户的余额，分别转入“本年利润”账户的贷方和借方。作如下分录：

借：其他业务收入	40 000	
贷：本年利润		40 000
借：本年利润	27 320	
贷：其他业务成本		27 320

(二)作业销售的核算

施工企业为其他企业提供机械，运输作业所发生的销售收入和销售成本、销售税金，应分别在“其他业务收入——作业销售收入”和“其他业务成本——销售支出”账户核算。

【例6-10】 泰山建筑工程公司出动一台铲车和三辆载重汽车给其他施工企业清运砂石，应收价款10 000元，应交营业税金300元，应缴城市维护建设税21元，应交教育费附加9元。按规定台班成本标准，应结转的作业成本为8 000元。

① 收到作业收入10 000元时，作如下分录：

借：银行存款	10 000	
贷：其他业务收入——作业销售收入		10 000

② 接转机械对外作业成本，作如下分录：

借：其他业务成本——作业销售支出	8 000	

贷：机械作业　　8 000

③ 接转应交税费及教育费附加，作如下分录：

借：其他业务成本——作业销售支出　　330

　　贷：应交税费——应交营业税　　300

　　　　应交税费——应交城建税　　21

　　　　应交税费——应交教育费附加　　9

（三）材料销售的核算

施工企业对外销售材料所发生的收入，应记入“银行存款”，“应收账款”等账户的借方和“其他业务收入——材料销售收入”账户的贷方。结转销售材料的实际成本，记入“其他业务成本——材料销售支出”账户的借方和“原材料”，“材料成本差异”等账户的贷方；应交的税金和教育费附加，应记入“其他业务成本——材料销售支出”账户的借方和“应交税费”账户的贷方。

【例6－11】　泰山建筑工程公司将本公司剩余的一批地砖对外销售。这批地砖的实际成本为20 000元，该公司对材料按照实际成本法进行核算。获得销售款30 000元，贷款收到并存入开户银行。

注：泰山建筑工程公司是缴纳营业税的单位，对于其零散的销售业务，视为兼业收入，按缴纳营业税处理。

① 收到材料销售贷款时，作如下分录：

借：银行存款　　30 000

　　贷：其他业务收入——材料销售收入　　30 000

② 结转材料实际成本，作如下分录：

借：其他业务成本——材料销售支出　　20 000

　　贷：原材料——主要材料　　20 000

③ 这部销售业务需要缴纳营业税900元、城市维护建设税共计63元。应交教育费附加27元。作如下分录：

借：其他业务成本——材料销售支出　　990

　　贷：应交税费——营业税　　900

应交税费——应交城建税	63
应交税费——应交教育费附加	27

(四)其他销售的核算

施工企业对其他企业提供技术服务，技术转让所发生的收入，应记入"银行存款"账户的借方和"其他业务收入——技术服务收入"和"其他业务收入——无形资产转让收入"账户的贷方。提供技术服务和技术转让的成本，以及应交税费和教育费附加，应记入"其他业务成本——技术服务支出"，"其他业务成本——无形资产转让支出"账户的借方和"应交税费"等账户的贷方。

施工企业对其他企业出租机械，设备所发生的收入，应记入"银行存款"，"应收账款"等账户的借方和"其他业务收入——机械设备出租收入"账户的贷方。出租机械，设备所发生的各项费用，应先记入"机械作业——机械出租"账户借方，月终转出出租机械设备实际成本和应交税费，教育费附加时，应记入"其他业务成本——机械设备出租支出"账户的借方和"机械作业——机械出租"，"应交税费"等账户的贷方。

第七章　会计报表

本章导读

会计报表又叫企业财务状况及经营状况的晴雨表，会计报表是会计部门和会计人员最终的工作成果，它是高度概括地说明企业财务状况、经营成果以及现金流量的文件。了解会计报表的编制内容和意义，读懂会计报表，就可以较为透彻地了解一家企业的运营情况。

一份完整的会计报表包括资产负债表、利润表、现金流量表、所有者权益变动表和会计报表附注。简单地说，资产负债表是一家企业的“全景图”，它显示在特定时点所拥有资产负债的详细情况；利润表是企业一年经济活动的“纪录片”，它显示在特定期间内各项经济活动的发生和现金收支的变化情况；所有者权益变动表相当于企业对股东提交的“投资报告”，它显示股东投资的增减变动情况。会计报表附注主要是对以上各表的详细解释和说明。

本章的主要内容包括：

1. 会计报表概述；
2. 资产负债表；
3. 利润表；
4. 现金流量表；
5. 所有者权益变动表；
6. 一般企业报表附注。

第一节　会计报表概述

一、会计报表基本概念

在实际工作中，人们往往将财务报告和会计报表混为一谈。对两者的比较见表 7－1。

表 7－1　财务报告和会计报表的比较

财务报告含义	会计报表含义	两者联系
用于综合反映单位财务状况和经营成果的书面文件，由会计报表和财务情况说明书两大部分构成	以日常核算资料为主要依据编制的，用来集中反映各单位一定时期的财务状况、经营成果以及成本费用情况的一系列表式报告	会计报表是财务报告的主体组成部分；我国当前的法规规定，会计报表是指资产负债表、利润表、现金流量表和会计报表附注以及相关附表

二、会计报表的作用

会计报表就像一面镜子，从中可以看到各单位的财务状况和经营全貌，为实施经营管理和进行相关决策提供丰富的会计信息。会计报表的作用如图 7－1 所示。

会计报表的作用

① 为各单位的投资者和债权人进行投资决策，了解各单位财务状况，提供必要的信息资料。
② 为各单位内部的经营管理者和员工进行日常的经营管理，提供必要的信息资料。
③ 为财政、工商、税务等行政管理部门提供实施管理和监督的信息资料。

图 7－1　会计报表的作用

三、会计报表的分类

划分的标准不同会计报表的分类也不相同，具体见表7-2。

表7-2 会计报表的分类

会计报表的分类标准	分类	具体内容	具体要求
按会计报表编制和报送的时间差异	月报	在月份终了时编制的反映月末或当月情况的会计报表	要求简明扼要，以便及时反映各单位的主要情况和主要问题。常用的月报有资产负债表、利润表、应交增值税明细表等
	季报	在季度终了时编制的反映季末或当季情况的会计报表	所包括的会计报表一般较少
	年报	在年度终了时编制的反映年末或当年情况的会计报表	要求做到全面完整，能总结全年的经济活动。常见的年报有资产负债表、利润表、现金流量表和所有者权益变动表等
按会计报表的编制单位分类	单位报表	由独立核算的会计主体编制的，用以反映本会计主体的财务状况和经营成果的报表	
	汇总报表	由上级主管部门将其所属单位报送的会计报表，连同本单位会计报表汇总编制的综合性会计报表	

（续表）

会计报表的分类标准	分类	具体内容	具体要求
按会计报表的服务对象不同	内部报表	适应单位内部经营管理的需要而编制的不对外公开的会计报表，如单位的成本费用明细表、存货明细表等	一般没有规范的格式，不需统一的指标体系，各单位可根据自己的情况和需要自行制定
	外部报表	为满足外部会计信息使用者的需要，按照国家财务、会计制度编制的会计报表，如资产负债表、利润表、现金流量表等	外部报表的种类、格式、内容及编制方法均有统一规定，任何单位不得随意增减变动

注：股份有限公司还应编制半年报（即中期报告）。

四、会计报表的结构

会计报表作为一种商业语言，是通过各个会计要素和项目，用特定的排列顺序和组合，以特有的逻辑关系来披露财务信息。只有熟悉会计报表的基本框架，理解各个会计要素的内在联系，才能顺利地编出或读懂会计报表，掌握会计报表所提供的信息。会计报表的结构组成见表7－3。

表7－3 会计报表的结构

会计报表的构成	表头部分	主体部分	补充资料部分
具体内容	展示报表的名称、编号、编制单位、编制日期、金额计量单位等	报表的核心和主干，会计报表基本是通过这一部分来总括地表述单位的财务状况和经营成果	一般列在报表的下端，所提供的是使用者需要了解但在主体部分内无法反映或难以单独反映的一些资料，如期末库存商品余额、已贴现的商业承兑汇票金额等

为充分表达使用者要了解的信息，以及方便使用者阅读和理解，在每一报表内部，都必须按一定的逻辑关系来设置相应项目。由于会计报表的

种类、作用和性质不同，其结构也必然不一样。为便于对比，各种对外报送的主要会计报表，都需按统一的格式和结构来填列。

五、会计报表的编制要求

为了保证会计报表的质量，充分发挥其作用，我国《企业会计准则》规定了编制会计报表的基本要求："会计报表应按登记完整、核对无误的账簿记录和其他有关资料编制，做到数字真实、计算准确、内容完整、编报及时。"会计报表的编制要求见表7－4。

表7－4　会计报表的编制要求

基本要求	数字真实，计算准确	内容完整	编报及时
具体内容	能够真实准确地反映企业的财务状况和经营成果，所以会计报表中各项目的数字必须以核对无误的账簿记录和其他资料填写，不得用预计数字、估计数字代替真实数字，更不得弄虚做假，伪造报表数字，同时还要对会计报表中各项目的金额采用正确计算方法，确保计算结果的准确；为了保证数字真实、准确，在编制会计报表时要根据程度按期结账、认真对账和财产清查，使会计账簿所有记录准确无误	会计信息的内容必须全面、系统地反映出企业经营活动的全部情况，为此要求企业必须按规定的报表种类、格式和内容来编制，不得漏编漏报，对不同会计期间应编报的各种会计报表，都必须填列完整；同时要求企业在每种会计报表中应填写的各项指标，不论是表内项目还是表外补充资料，都必须填列齐全，对某些不便列入报表的重要资料，应在括号内说明或以附注等形式加以说明	如果会计信息的报告期被不适当地拖延，即使是最真实最完整的会计报表也将失去其效用。所以，会计报表必须按照规定的期限和程序，及时编制、及时报送。 根据我国会计制度规定：月份会计报表应于月份终了后6天内报出；季度报告应于季度终了后15天内报出；中报应于年度中期结束后60天内报出；年度会计报表应于年度终了后4个月内报出。法律、法规另有规定的，从其规定

为了保证会计报表及时报送，各企业应当科学地组织好日常核算工作，认真做好记账、算账、对账和按期结账等工作。

六、新《企业会计准则》要求的会计报表的组成

按照《企业会计准则》的要求，一套完整的财务报表至少应当包括资产负债表、利润表、现金流量表、所有者权益变动表(对于股份制公司而言，也称之为股东权益变动表)以及附注。对财务报表的组成部分的介绍见表7－5。

表7－5 财务报表的组成

财务报表的组成	含义	相关内容
资产负债表	反映企业在某一特定日期所拥有的资产、需偿还的债务、以及股东(投资者)拥有的净资产情况	我国企业资产负债表采用账户式结构，左方为资产，右方为负债和所有者权益。在资产负债表中，资产项目按照流动资产和非流动资产分类列示，负债按照流动负债和非流动负债列示，在各类别下再按照性质分项列示。资产负债表各项目主要有按照总账科目余额、按照明细科目余额直接或分析填列、根据总账及相关备抵科目余额分析填列等方法
利润表	反映企业在一定会计期间的经营成果，即利润或亏损的情况，表明企业运用所拥有的资产的获利能力	我国企业利润表采用多步式进行编制。利润表中可反映营业利润、利润总额和净利润金额，利润表项目一般按其发生额填列
现金流量表	反映企业在一定会计期间现金和现金等价物流入和流出的情况	我国企业现金流量表采用报告式，分为经营活动产生的现金流量、投资活动产生的现金流量和筹资活动产生的现金流量三类。企业应当采用直接法编制经营活动产生的现金流量。采用直接法编制经营活动的现金流量时，可以采用工作底稿法或T型账户法，也可以根据有关科目记录分析填列

（续表）

财务报表的组成	含义	相关内容
所有者权益变动表	反映构成所有者权益的各组成部分当期的增减变动情况	企业的净利润及其分配情况是所有者权益变动的组成部分，相关信息已经在所有者权益变动表及其附注中反映，企业不需要再单独编制利润分配表
附注	财务报表不可或缺的组成部分	对在资产负债表、利润表、现金流量表和所有者权益变动表等报表中列示项目的文字描述或明细资料，以及对未能在这些报表中列示项目的说明等

第二节　资产负债表的阅读与编制

一、资产负债表的概念

资产负债表是指反映企业在某一特定日期的财务状况的报表。

资产负债表能从整体上反映一个企业的实力及其财务状况，因而被誉为企业的“第一会计报表”。报表使用者通过阅读和分析资产负债表可获得的财务信息如图 7－2 所示。

报表使用者通过阅读和分析资产负债表，可获得的财务信息

① 某一日期资产的总额，表明企业拥有或控制的经济资源及其分布情况。
② 某一日期的负债总额及其结构，表明企业未来需要用多少资产或劳务清偿债务。
③ 所有者权益的情况，表明投资者在企业资产中所占的份额，了解所有者权益的构成情况。
④ 资产负债表还能够提供进行财务分析的基本资料，如通过资产负债表可以计算流动比率、速动比率等。

图 7－2　报表使用者通过阅读和分析资产负债表可获得的财务信息

二、资产负债表的内容与结构

资产负债表主要反映资产、负债和所有者权益三方面的内容，并满足“资产＝负债十所有者权益”平衡式。资产的相关内容介绍见表7－6。负债的相关内容介绍见表7－7。

表7－6 资产的相关内容

资产的含义	反映由过去的交易、事项形成并由企业在某一特定日期所拥有或控制的、预期会给企业带来经济利益的资源。按照流动资产和非流动资产两大类别在资产负债表中列示	
资产的分类	流动资产	预计在一个正常营业周期中变现、出售或耗用，或者主要为交易目的而持有，或者预计在资产负债表日起一年内(含一年)变现的资产，或者自资产负债表日起一年内交换其他资产或清偿负债的能力不受限制的现金或现金等价物；具体包括：货币资金、交易性金融资产、应收票据、应收账款、预付款项、应收利息、应收股利、其他应收款、存货和一年内到期的非流动资产等
	非流动资产	流动资产以外的资产。具体包括：长期股权投资、固定资产、在建工程、工程物资、固定资产清理、无形资产、开发支出、长期待摊费用以及其他非流动资产等

表7－7 负债的相关内容

负债的含义	反映在某一特定日期企业所承担的、预期会导致经济利益流出企业的现时义务。按照流动负债和非流动负债两大类别在资产负债表中进行列示	
负债的分类	流动负债	预计在一个正常营业周期中清偿，或者主要为交易目的而持有，或者自资产负债表日起一年内(含一年)到期应予以清偿，或者企业无权自主地将清偿推迟至资产负债表日后一年以上的负债。具体包括：短期借款、应付票据、应付账款、预收款项、应付职工薪酬、应交税费、应付利息、应付股利、其他应付款、一年内到期的非流动负债等
	非流动负债	流动负债以外的负债。具体包括：长期借款、应付债券和其他非流动负债等

所有者权益，是企业资产扣除负债后的剩余权益，反映企业在某一特定日期股东(投资者)拥有的净资产的总额，它一般按照实收资本、资本公积、盈余公积和未分配利润分项列示。

三、资产负债表的填列方法

资产负债表的填列方法见表7－8。

表7－8　资产负债表的填列方法

对应项目	填列方法	相关说明
年初余额	据上年末资产负债表“期末余额”栏内所列数字填列	如果本年度资产负债表规定的各个项目的名称和内容同上年度不相一致，应对上年年末资产负债表各项目的名称和数字按本年度的规定进行调整，按调整后的数字填入本表“年初余额”栏内
期末余额	直接根据总账科目的余额填列	交易性金融资产、固定资产清理、长期待摊费用、递延所得税资产、短期借款、交易性金融负债、应付票据、应付职工薪酬、应交税费、应付利息、应付股利、其他应付款、递延所得税负债、实收资本、资本公积、库存股、盈余公积等项目，应当根据相关总账科目的余额直接填列
	据几个总账科目的余额计算填列	“货币资金”项目，应当根据“库存现金”、“银行存款”、“其他货币资金”等科目期末余额合计填列
	据有关明细科目的余额计算填列	“应付账款”项目，应当根据“应付账款”、“预收账款”等科目所属明细科目期末贷方余额合计填列
	据总账科目和明细科目的余额分析计算填列	“长期应收款”项目，应当根据“长期应收款”总账科目余额，减去“未实现融资收益”总账科目余额，再减去所属相关明细科目中将于一年内到期的部分填列；“长期借款”项目，应当根据“长期借款”总账科目余额扣除“长期借款”科目所属明细科目中将于一年内到期的部分填列；“应付债券”项目，应当根据“应付债券”总账科目余额扣除“应付债券”科目所属明细科目中将于一年内到期的部分填列；“长期应付款”项目，应当根据“长期应付款”总账科目余额，减去“未确认融资费用”总账科目余额，再减去所属相关明细科目中将于一年内到期的部分填列

（续表）

对应项目	填列方法	相关说明
期末余额	据总账科目与其备抵科目抵销后的净额填列	“存货”项目，应当根据“原材料”、“库存商品”、“发出商品”、“周转材料”等科目期末余额，减去“存货跌价准备”科目期末余额后的金额填列；“持有至到期投资”项目，应当根据“持有至到期投资”科目期末余额，减去“持有至到期投资减值准备”科目期末余额后的金额填列；“固定资产”项目，应当根据“固定资产”科目期末余额，减去“累计折旧”、“固定资产减值准备”等科目期末余额后的金额填列

四、资产负债表项目的填列说明

资产项目的填列说明见表7－9。

表7－9　资产项目的填列说明

资产项目	反映内容	填列说明
货币资金	反映企业库存现金、银行结算户存款、外埠存款、银行汇票存款、银行本票存款、信用卡存款、信用证保证金存款等的合计数	据“库存现金”、“银行存款”、“其他货币资金”科目期末余额的合计数填列
交易性金融资产	反映企业持有的以公允价值计量且其变动计入当期损益的以交易为目的所持有的债券投资、股票投资、基金投资、权证投资等金融资产	据“交易性金融资产”科目的期末余额填列
应收票据	反映企业因销售商品、提供劳务等而收到的商业汇票，包括银行承兑汇票和商业承兑汇票	据“应收票据”科目的期末余额，减去“坏账准备”科目中有关应收票据计提的坏账准备期末余额后的金额填列

（续表）

资产项目	反映内容	填列说明
应收账款	反映企业因销售商品、提供劳务等经营活动应收取的款项	据“应收账款”和“预收账款”科目所属各明细科目的期末借方余额合计减去“坏账准备”科目中有关应收账款计提的坏账准备期末余额后的金额填列。若“应收账款”科目所属明细科目期末有贷方余额的，应在本表“预收款项”项目内填列
预付款项	反映企业按照购货合同规定预付给供应单位的款项等	据“预付账款”和“应付账款”科目所属各明细科目的期末借方余额合计数，减去“坏账准备”科目中有关预付款项计提的坏账准备期末余额后的金额填列。若“预付账款”科目所属各明细科目期末有贷方余额的，应在资产负债表“应付账款”项目内填列
应收利息	反映企业应收取的债券投资等的利息	据“应收利息”科目的期末余额，减去“坏账准备”科目中有关应收利息计提的坏账准备期末余额后的金额填列
应收股利	反映企业应收取的现金股利和应收取其他单位分配的利润	据“应收股利”科目的期末余额，减去“坏账准备”科目中有关应收股利计提的坏账准备期末余额后的金额填列
其他应收款	反映企业除应收票据、应收账款、预付账款、应收股利、应收利息等经营活动外其他各种应收、暂付款项	据“其他应收款”科目的期末余额，减去“坏账准备”科目中有关其他应收款计提的坏账准备期末余额后的金额填列
存货	反映企业期末在库、在途和在加工中的各种存货的可变现净值	据“材料采购”、“原材料”、“低值易耗品”、“库存商品”、“周转材料”、“委托加工物资”、“委托代销商品”、“生产成本”等科目的期末余额合计，减去“受托代销商品款”、“存货跌价准备”科目期末余额后的金额填列。材料采用计划成本核算，以及库存商品采用计划成本核算或售价核算的企业，还应按加或减材料成本差异、商品进销差价后的金额填列

（续表）

资产项目	反映内容	填列说明
一年内到期的非流动资产	反映企业将于一年内到期的非流动资产项目金额	据有关科目的期末余额填列
长期股权投资	反映企业持有的对子公司、联营企业和合营企业的长期股权投资	据“长期股权投资”科目的期末余额，减去“长期股权投资减值准备”科目的期末余额后的金额填列
固定资产	反映企业各种固定资产原价减去累计折旧和累计减值准备后的净额	据“固定资产”科目的期末余额，减去“累计折旧”和“固定资产减值准备”科目期末余额后的金额填列
在建工程	反映企业期末各项未完工程的实际支出，包括交付安装的设备价值、未完建筑安装工程已经耗用的材料、工资和费用支出、预付出包工程的价款等的可收回金额	据“在建工程”科目的期末余额，减去“在建工程减值准备”科目期末余额后的金额填列
工程物资	反映企业尚未使用的各项工程物资的实际成本	据“工程物资”科目的期末余额填列
固定资产清理	反映企业因出售、毁损、报废等原因转入清理但尚未清理完毕的固定资产的净值，以及固定资产清理过程中所发生的清理费用和变价收入等各项金额的差额	据“固定资产清理”科目的期末借方余额填列，如“固定资产清理”科目期末为贷方余额，以“－”号填列
无形资产	反映企业持有的无形资产，包括专利权、非专利技术、商标权、著作权、土地使用权等	据“无形资产”的期末余额，减去“累计摊销”和“无形资产减值准备”科目期末余额后的金额填列
开发支出	反映企业开发无形资产过程中能够资本化形成无形资产成本的支出部分	据“研发支出”科目中所属的“资本化支出”明细科目期末余额填列

（续表）

资产项目	反映内容	填列说明
长期待摊费用	反映企业已经发生但应由本期和以后各期负担的分摊期限在一年以上的各项费用。长期待摊费用中在一年内（含一年）摊销的部分，在资产负债表“一年内到期的非流动资产”项目填列	据“长期待摊费用”科目的期末余额减去将于一年内（含一年）摊销的数额后的金额填列
其他非流动资产	反映企业除长期股权投资、固定资产、在建工程、工程物资、无形资产等以外的其他非流动资产	据有关科目的期末余额填列

负债项目的填列说明见表7－10。

表7－10　负债项目的填列说明

负债项目	反映内容	填列说明
短期借款	反映企业向银行或其他金融机构等借入的期限在一年以下（含一年）的各种借款	据“短期借款”科目的期末余额填列
应付票据	反映企业购买材料、商品和接受劳务供应等而开出、承兑的商业汇票，包括银行承兑汇票和商业承兑汇票	据“应付票据”科目的期末余额填列
应付账款	反映企业因购买材料、商品和接受劳务供应等经营活动应支付的款项	据“应付账款”和“预付账款”科目所属各明细科目的期末贷方余额合计数填列；若“应付账款”科目所属明细科目期末有借方余额的，应在资产负债表“预付款项”项目内填列
预收款项	反映企业在未发生商品或提供劳务时预收的款项	据“预收账款”和“应收账款”科目所属各明细科目的期末贷方余额合计数填列。若“预收账款”科目所属各明细科目期末有借方余额，应在资产负债表“应收账款”项目内填列

（续表）

负债项目	反映内容	填列说明
应付职工薪酬	反映企业根据有关规定应付给职工的工资、职工福利、社会保险费、住房公积金、工会经费、职工教育经费、非货币性福利、辞退福利等各种薪酬。外商投资企业按规定从净利润中提取的职工奖励及福利基金，也在本项目列示	
应交税费	反映企业按照税法规定计算应交纳的各种税费，包括增值税、消费税、营业税、所得税、资源税、土地增值税、城市维护建设税、房产税、土地使用税、车船使用税、教育费附加、矿产资源补偿费等。企业代扣代交的个人所得税，也通过本项目列示。企业所交纳的税金不需要预计应交数的，如印花税、耕地占用税等，不在本项目列示	据“应交税费”科目的期末贷方余额填列；如“应交税费”科目期末为借方余额，应以“－”号填列
应付利息	反映企业按照规定应当支付的利息，包括分期付息到期还本的长期借款应支付的利息、企业发行的企业债券应支付的利息等	据“应付利息”科目的期末余额填列
应付股利	反映企业分配的现金股利或利润。企业分配的股票股利，不通过本项目列示	据“应付股利”科目的期末余额填列
其他应付款	反映企业除应付票据、应付账款、预收款项、应付职工薪酬、应付股利、应付利息、应交税费等经营活动以外的其他各项应付、暂收的款项	据“其他应付款”科目的期末余额填列

（续表）

负债项目	反映内容	填列说明
一年内到期的非流动负债	反映非流动负债中将于资产负债表日后一年内到期部分的金额，如将于一年内偿还长期借款	据有关科目的期末余额填列
长期借款	反映企业向银行或其他金融机构借入的期限在一年以上（不含一年）的各项借款	据“长期借款”科目的期末余额填列
应付债券	反映企业为筹集长期资金而发行的债券本金和利息	据“应付债券”科目的期末余额填列
其他非流动负债	反映企业除长期借款、应付债券等项目以外的其他非流动负债	据有关科目的期末余额填列。其他非流动负债项目应根据有关科目期末余额减去将于一年内（含一年）到期偿还数后的余额填列。非流动负债各项目中将于一年内（含一年）到期的非流动负债，应在“一年内到期的非流动负债”项目内单独反映

所有者权益的填列说明见表7－11。

表7－11　所有者权益的填列说明

所有者权益项目	反映内容	填列说明
实收资本（或股本）	反映企业各投资者实际投入的资本（或股本）总额	据“实收资本”（或‘股本”）科目的期末余额填列
资本公积	反映企业资本公积的期末余额	据“资本公积”科目的期末余额填列
盈余公积	反映企业盈余公积的期末余额	据“盈余公积”科目的期末余额填列
未分配利润	反映企业尚未分配的利润	据“本年利润”科目和“利润分配”科目的余额计算填列。未弥补的亏损在本项目内以“－”号填列

五、资产负债表编制示例

【例7－1】 立兴建筑公司2009年12月31日的资产负债表(年初余额略)及2010年12月31日的科目余额表分别见表7－12和表7－13。假设该公司2010年度除计提固定资产减值准备导致固定资产账面价值与其计税基础存在可抵扣暂时性差异外，其他资产和负债项目的账面价值均等于其计税基础。假定该公司未来很可能获得足够的应纳税所得额用来抵扣可抵扣暂时性差异，适用的所得税税率为25%。根据上述资料编制该公司2010年12月31日的资产负债表。

表7－12　资产负债表

编制单位：立兴建筑公司　日期：2009年12月31日　　单位：元

资产	期末余额	年初余额	负债和股东权益	期末余额	年初余额
流动资产：			流动负债：		
货币资金	1 406 300		短期借款	300 000	
交易性金融资产	15 000		交易性金融负债	0	
应收票据	246 000		应付票据	200 000	
应收账款	299 100		应付账款	953 800	
预付款项	100 000		预收款项	500 000	
应收利息	0		应付职工薪酬	110 000	
应收股利	0		应交税费	36 600	
其他应收款	5 000		应付利息	0	
存货	2 580 000		应付股利	0	
一年内到期的非流动资产	0		其他应付款	50 000	
其他流动资产	100 000		一年内到期的非流动负债	501 000	
流动资产合计	4 751 400		其他流动负债	0	
非流动资产：			流动负债合计	2 651 400	
可供出售金融资产	0		非流动负债：		

（续表）

资产	期末余额	年初余额	负债和股东权益	期末余额	年初余额
持有至到期投资	0		长期借款	600 000	
长期应收款	0		应付债券	0	
长期股权投资	250 000		长期应付款	0	
投资性房地产	0		专项应付款	0	
固定资产	1 100 000		预计负债	0	
在建工程	1 500 000		递延所得税负债	0	
工程物资	0		其他非流动负债	0	
固定资产清理	0		非流动负债合计	600 000	
生产性生物资产	0		负债合计	3 251 400	
油气资产	0		股东权益：		
无形资产	600 000		实收资本(或股本)	5 000 000	
开发支出	0		资本公积	0	
商誉	0		减：库存股	0	
长期待摊费用	0		盈余公积	100 000	
递延所得税资产	0		未分配利润	50 000	
其他非流动资产	200 000		股东权益合计	5 150 000	
非流动资产合计	3 650 000				
资产总计	8 401 400		负债和股东权益总计	8 401 400	

表 7－13　科目余额表

单位：元

科目名称	借方余额	科目名称	贷方余额
库存现金	125 566.75	短期借款	50 000
银行存款	344 943.25	应付票据	100 000
其他货币资金	241 690	应付账款	603 800
交易性金融资产	0		
应收票据	46 000	预收账款	350 000

（续表）

科目名称	借方余额	科目名称	贷方余额
应收账款	600 100	其他应付款	50 000
坏账准备	1 600	应付职工薪酬	180 000
预付账款	100 000	应交税费	100 000
其他应收款	5 000	应付利息	0
材料采购	305 000	应付股利	100 000
原材料	732 000	一年内到期的长期负债	0
周转材料	230 000	长期借款	1 160 000
库存商品	1 287 700	股本	5 000 000
材料成本差异	20 000	盈余公积	166 621.10
其他流动资产	7 125	利润分配（未分配利润）	108 037.15
长期股权投资	250 000		
固定资产	2 401 000		
累计折旧	140 000		
固定资产减值准备	30 000		
工程物资	100 000		
在建工程	603 933.25		
无形资产	600 000		
累计摊销	30 000		
递延所得税资产	7 500		
其他长期资产	162 500		
合计	7 968 458.25	合计	7 968 458.25

根据表 7－12 和表 7－13 编制的 2010 年 12 月 31 日的资产负债表，见表 7－14。

表 7－14　资产负债表

会企 01 表

编制单位：立兴建筑公司　　2010 年 12 月 31 日　　单位：元

资产	期末余额	年初余额	负债和所有者权益	期末余额	年初余额
流动资产：			流动负债：		
货币资金	712 200	1 406 300	短期借款	50 000	300 000

（续表）

资产	期末余额	年初余额	负债和所有者权益	期末余额	年初余额
交易性金融资产	0	15 000	交易性金融负债	0	0
应收票据	46 000	246 000	应付票据	100 000	200 000
应收账款	598 500	299 100	应付账款	603 800	953 800
预付款项	100 000	100 000	预收款项	350 000	500 000
应收利息	0	0	应付职工薪酬	180 000	110 000
应收股利	0	0	应交税费	100 000	36 600
其他应收款	5 000	5 000	应付利息	0	0
存货	2 574 700	2 580 000	应付股利	100 000	0
一年内到期的非流动资产	0	0	其他应付款	50 000	50 000
其他流动资产	7 125	100 000	一年内到期的非流动负债	0	501 000
流动资产合计	4 043 525	4 751 400	其他流动负债	0	0
非流动资产：			流动负债合计	1 533 800	2 651 400
可供出售金融资产	0	0	非流动负债：		
持有至到期投资	0	0	长期借款	1 160 000	600 000
长期应收款	0	0	应付债券	0	0
长期股权投资	250 000	250 000	长期应付款	0	0
投资性房地产	0	0	专项应付款	0	0
固定资产	2 231 000	1 100 000	预计负债	0	0
在建工程	603 933.25	1 500 000	递延所得税负债	0	0
工程物资	100 000	0	其他非流动负债	0	0
固定资产清理	0	0	非流动负债合计	1 160 000	600 000
生产性生物资产	0	0	负债合计	2 693 800	3 251 400
油气资产	0	0	所有者权益（或股东权益）：		
无形资产	570 000	600 000	实收资本（或股本）	5 000 000	5 000 000

（续表）

资产	期末余额	年初余额	负债和所有者权益	期末余额	年初余额
开发支出	0	0	资本公积	0	0
商誉	0	0	减：库存股	0	0
长期待摊费用	0	0	盈余公积	166 621.10	100 000
递延所得税资产	7 500	0	未分配利润	108 037.15	50 000
其他非流动资产	162 500	200 000	所有者权益合计	5 274 658.25	5 150 000
非流动资产合计	3 924 933.25	3 650 000			
资产总计	7 968 458.25	8 401 400	负债和所有者权益总计	7 968 458.25	8 401 400

第三节　利润表的阅读与编制

一、利润表的概念和作用

利润表是指反映企业在一定会计期间的经营成果的报表。

通过提供利润表，可以反映企业在一定会计期间收入、费用、利润(或亏损)的数额、构成情况，帮助财务报表使用者全面了解企业的经营成果，分析企业的获利能力及盈利增长趋势，从而为其作出经济决策提供依据。

二、利润表的编制

(一)利润表的编制步骤

利润表的编制步骤如图 7－3 所示。

以营业收入为基础，减去营业成本、营业税金及附加、销售费用、管理费用、财务费用、资产减值损失，加上公允价值变动收益（减去公允价值变动损失）加上投资收益减去投资损失），计算出营业利润

以营业利润为基础，加上营业外收入，减去营业外支出，计算出利润总额

以利润总额为基础，减去所得税费用，计算出净利润（或净亏损）

图 7－3　利润表编制的三个步骤

普通股或潜在普通股已公开交易的企业及正处于公开发行普通股或潜在普通股过程中的企业，还应当在利润表中列示每股收益信息。

（二）利润表项目的填列方法

利润表各项目均需填列“本期金额”和“上期金额”两栏。

在编制中期利润表时，“本期金额”栏应分为“本期金额”和“年初至本期末累计发生额”两栏，分别填列各项目本中期(月、季或半年)各项目实际发生额，以及自年初起至本中期(月、季或半年)末止的累计实际发生额。“上期金额”栏应分为“上年可比本中期金额”和“上年初至可比本中期末累计发生额”两栏，应根据上年可比中期利润表“本期金额”下对应的两栏数字分别填列。上年度利润表与本年度利润表的项目名称和内容不一致的，应对上年度利润表项目的名称和数字按本年度的规定进行调整。年终结账时，由于全年的收入和支出已全部转入“本年利润”科目，并且通过收支对比结出本年净利润的数额。因此，应将年度利润表中的“净利润”数字，与“本年利润”科目结转到“利润分配——未分配利润”科目的数字相核对，检查账簿记录和报表编制的正确性。

利润表“本期金额”、“上期金额”栏内各项数字，除“每股收益”项目外，应当按照相关科目发生额分析填列。

（三）利润表项目的填列说明

利润表项目的填列说明见表 7－15。

表7－15 利润表项目的填列说明

利润表项目	反映内容	填列说明
营业收入	反映企业经营主要业务和其他业务所确认的收入总额	据“主营业务收入”和“其他业务收入”科目的发生额分析填列
营业成本	反映企业经营主要业务和其他业务所发生的成本总额	据“主营业务成本”和“其他业务成本”科目的发生额分析填列
营业税金及附加	反映企业经营业务应负担的消费税、营业税、城市建设维护税、资源税、土地增值税和教育费附加等	据“营业税金及附加”科目的发生额分析填列
销售费用	反映企业在销售商品过程中发生的包装费、广告费等费用和为销售本企业商品而专设的销售机构的职工薪酬、业务费等经营费用	据“销售费用”科目的发生额分析填列
管理费用	反映企业为组织和管理生产经营发生的管理费用	据“管理费用”的发生额分析填列
财务费用	反映企业筹集生产经营所需资金等而发生的筹资费用	据“财务费用”科目的发生额分析填列
资产减值损失	反映企业各项资产发生的减值损失	据“资产减值损失”科目的发生额分析填列
公允价值变动损益	反映企业应当计入当期损益的资产或负债公允价值变动收益	据“公允价值变动损益”科目的发生额分析填列。如为净损失，本项目以“－”号填列
投资收益	反映企业以各种方式对外投资所取得的收益	据“投资收益”科目的发生额分析填列。如为投资损失，本项目以“－”号填列
营业利润	反映企业实现的营业利润	如为亏损，本项目以“－”号填列

（续表）

利润表项目	反映内容	填列说明
营业外收入	反映企业发生的与经营业务无直接关系的各项收入	据“营业外收入”科目的发生额分析填列
营业外支出	反映企业发生的与经营业务无直接关系的各项支出	据“营业外支出”科目的发生额分析填列
利润总额	反映企业实现的利润	如为亏损，本项目以“-”号填列
所得税费用	反映企业应从当期利润总额中扣除的所得税费用	据“所得税费用”科目的发生额分析填列
净利润	反映企业实现的净利润	如为亏损，本项目以“-”号填列

三、利润表编制示例

【例7-2】 立兴建筑公司2010年度有关损益类科目本年累计发生净额见表7-16。

表7-16 损益类科目2010年度累计发生净额

科目名称	借方发生额	贷方发生额
主营业务收入		2 470 000
主营业务成本	732 000	
营业税金及附加	20 000	
销售费用	180 000	
管理费用	153 100	
财务费用	40 500	
资产减值损失	30 800	
投资收益		95 000
营业外收入		150 000
营业外支出	18 500	
所得税费用	205 000	

根据上述资料，编制该公司2010年度利润表，见表7-17。

表7-17 利润表

会企02表

编制单位：立兴建筑公司　　2010年度　　单位：元

项目	本期金额	上期金额（可根据上年利润表的本期金额填列，此处略）
一、营业收入	2 470 000	
减：营业成本	732 000	
营业税金及附加	20 000	
销售费用	180 000	
管理费用	153 100	
财务费用	40 500	
资产减值损失	30 800	
加：公允价值变动收益（损失以"-"号填列）	0	
投资收益（损失以"-"号填列）	95 000	
其中：对联营企业和合营企业的投资收益	0	
二、营业利润（亏损以"-"号填列）	1 408 600	
加：营业外收入	150 000	
减：营业外支出	18 500	
其中：非流动资产处置损失	（略）	
三、利润总额（亏损总额以"-"号填列）	1 540 100	
减：所得税费用	205 000	
四、净利润（净亏损以"-"号填列）	1 335 100	
五、每股收益：	（略）	
（一）基本每股收益		
（二）稀释每股收益		

第四节　现金流量表的阅读与编制

一、现金流量表的概念和作用

现金流量表是反映企业在一定会计期间现金和现金等价物流入和流出的报表。

通过现金流量表，可以为报表使用者提供企业一定会计期间内现金和现金等价物流入和流出的信息，便于使用者了解和评价企业获取现金和现金等价物的能力，据以预测企业未来现金流量。

二、现金流量及其分类

现金流量的相关概念介绍见表7－18。

表7－18　现金流量的相关概念

概念	具体含义	相关说明
现金流量	一定会计期间内企业现金和现金等价物的流入和流出	企业从银行提取现金、用现金购买短期到期的国库券等现金和现金等价物之间的转换不属于现金流量
现金	企业库存现金以及可以随时用于支付的存款，包括库存现金、银行存款和其他货币资金（如外埠存款、银行汇票存款、银行本票存款等）等	不能随时用于支付的存款不属于现金
现金等价物	企业持有的期限短、流动性强、易于转换为已知金额现金、价值变动风险很小的投资。期限短，一般是指从购买日起三个月内到期	通常包括三个月内到期的债券投资等。权益性投资变现的金额通常不确定，因而不属于现金等价物。企业应当根据具体情况，确定现金等价物的范围，一经确定不得随意变更

现金流量的分类及产生途经见表7－19。

表 7－19　现金流量的分类及产生途经

现金流量的分类	相关活动的概念	现金流的产生途径
经营活动产生的现金流量	经营活动：企业投资活动和筹资活动以外的所有交易和事项	销售商品或提供劳务、购买商品、接受劳务、支付工资和交纳税款等流入和流出的现金和现金等价物
投资活动产生的现金流量	投资活动：企业长期资产的购建和不包括在现金等价物范围内的投资及其处置活动	购建固定资产、处置子公司及其他营业单位等流入和流出的现金和现金等价物
筹资活动产生的现金流量	筹资活动：导致企业资本及债务规模和构成发生变化的活动	吸收投资、发行股票、分配利润、发行债券、偿还债务等流入和流出的现金和现金等价物。偿付应付账款、应付票据等商业应付款等属于经营活动，不属于筹资活动

三、现金流量表的编制

企业应当采用直接法列示经营活动产生的现金流量。直接法，是指通过现金收入和现金支出的主要类别列示经营活动的现金流量。采用直接法编制经营活动的现金流量时，一般以利润表中的营业收入为起算点，调整与经营活动有关的项目的增减变动，然后计算出经营活动的现金流量。采用直接法具体编制现金流量表时，可以采用工作底稿法或 T 型账户法，也可以根据有关科目记录分析填列。经营活动产生的现金流量的介绍见表 7－20，投资活动产生的现金流量的介绍见表 7－21，筹资活动产生的现金流量的介绍见表 7－22。

表 7－20　经营活动产生的现金流量

项目	内容
销售商品、提供劳务收到的现金	反映企业本年销售商品、提供劳务收到的现金，以及以前年度销售商品、提供劳务本年收到的现金（包括应向购买者收取的增值税销项税额）和本年预收的款项，减去本年销售本年退回商品和以前年度销售本年退回商品支付的现金。企业销售材料和代购代销业务收到的现金，也在本项目反映

（续表）

项目	内容
收到的税费返还	反映企业收到返还的所得税、增值税、营业税、消费税、关税和教育费附加等各种税费返还款
收到其他与经营活动有关的现金	反映企业经营租赁收到的租金等其他与经营活动有关的现金流入，金额较大的应当单独列示
购买商品、接受劳务支付的现金	反映企业本年购买商品、接受劳务实际支付的现金（包括增值税进项税额），以及本年支付以前年度购买商品、接受劳务的未付款项和本年预付款项，减去本年发生的购货退回收到的现金。企业购买材料和代购代销业务支付的现金，也在本项目反映
支付给职工以及为职工支付的现金	反映企业本年实际支付给职工的工资、资金、各种津贴和补贴等职工薪酬（包括代扣代缴的职工个人所得税）
支付的各项税费	反映企业本年发生并支付、以前各年发生本年支付以及预交的各项税费，包括所得税、增值税、营业税、消费税、印花税、房产税、土地增值税、车船使用税、教育费附加等
支付其他与经营活动有关的现金	反映企业经营租赁支付的租金、支付的差旅费、业务招待费、保险费、罚款支出等其他与经营活动有关的现金流出，金额较大的应当单独列示

表7－21　投资活动产生的现金流量

项目	内容
收回投资收到的现金	反映企业出售、转让或到期收回除现金等价物以外的对其他企业长期股权投资而收到的现金，但处置子公司及其他营业单位应收到的现金净额除外
取得投资收益收到的现金	反映企业除现金等价物以外的对其他企业的长期股权投资等分回的现金股利和利息等
处置固定资产、无形资产和其他长期资产收回的现金净额	反映企业出售、报废固定资产、无形资产和其他长期资产所取得的现金（包括因资产毁损而收到的保险赔偿收入），减去为处置这些资产而支付的有关费用后的净额

（续表）

项目	内容
处置子公司及其他营业单位应收到的现金净额	反映企业处置子公司及其他营业单位所取得的现金，减去相关处置费用以及子公司及其他营业单位持有的现金和现金等价物后的净额
购建固定资产、无形资产和其他长期资产支付的现金	反映企业购买、建造固定资产、取得无形资产和其他长期资产所支付的现金（含增值税款等），以及用现金支付的应由在建工程和无形资产负担的职工薪酬
投资支付的现金	反映企业取得除现金等价物以外的对其他企业的长期股权投资所支付的现金以及支付的佣金、手续费等附加费用，但取得子公司及其他营业单位支付的现金净额除外
取得子公司及其他营业单位支付的现金净额	反映企业购买子公司及其他营业单位购买出价中以现金支付的部分，减去子公司及其他营业单位持有的现金和现金等价物后的净额
收到其他与投资活动有关的现金与支付其他与投资活动有关的现金	反映企业除上述项目外收到或支付的其他与投资活动有关的现金，金额较大的应当单独列示

表 7－22 筹资活动产生的现金流量

项目	内容
吸收投资收到的现金	反映企业以发行股票、债券等方式筹集资金实际收到的款项，减去直接支付的佣金、手续费、宣传费、咨询费、印刷费等发行费用后的净额
取得借款收到的现金	反映企业举借各种短期、长期借款而收到的现金
偿还债务支付的现金	反映企业为偿还债务本金而支付的现金
分配股利、利润或偿付利息支付的现金	反映企业实际支付的现金股利、支付给其他投资单位的利润或用现金支付的借款利息、债券利息

（续表）

项目	内容
收到其他与筹资活动有关的现金与支付其他与筹资活动有关的现金	反映企业除上述项目外收到或支付的其他与筹资活动有关的现金，金额较大的应当单独列示

“汇率变动对现金及现金等价物的影响”项目，反映下列项目之间的差额：

(1)企业外币现金流量折算为记账本位币时，采用现金流量发生日的即期汇率近似的汇率折算的金额(编制合并现金流量表时折算境外子公司的现金流量，应当比照处理)。

(2)企业外币现金及现金等价物净增加额按年末汇率折算的金额填列。

四、现金流量表编制示例

【例7－3】 沿用案例7－1和案例7－2的资料，立兴建筑公司其他相关资料如下：

1. 2010年度利润表有关项目的明细资料如下：

(1)管理费用的组成：职工薪酬80 000元，无形资产摊销30 000元，折旧费20 000元，支付其他费用23 100元。

(2)财务费用的组成：计提借款利息10 500元，支付应收票据(银行承兑汇票)贴现利息30 000元。

(3)资产减值损失的组成：计提坏账准备800元，计提固定资产减值准备30 000元。上年年末坏账准备余额为800元。

(4)投资收益的组成：收到股息收入90 500元，与本金一起收回的交易性股票投资收益500元，自公允价值变动损益结转投资收益4 000元。

(5)营业外收入的组成：处置固定资产净收益150 000元(其所处置固定资产原价为400 000元，累计折旧为250 000元，收到处置收入300 000元)。假定不考虑与固定资产处置有关的税费。

(6)营业外支出的组成：报废固定资产净损失18 500元(其所报废固定资产原价为200 000元，累计折旧为180 000元，支付清理费用300元，收到残值收入1 800元)。

(7)所得税费用的组成：当期所得税费用212 500元，递延所得税收益7 500元。

除上述项目外，利润表中的销售费用180 000元至期末已经支付。

2. 资产负债表有关项目的明细资料如下：

(1)本期收回交易性股票投资本金15 000元、公允价值变动4 000元，同时实现投资收益500元。

(2)存货中生产成本、制造费用的组成：职工薪酬353 800元，折旧费90 000元。

(3)应交税费的组成：本期增值税进项税额165 512元，增值税销项税额207 536元，已交增值税10 000元；应交所得税期末余额为21 376元，应交所得税期初余额为0；应交税费期末数中应由在建工程负担的部分为100 000元。

(4)应付职工薪酬的期初数无应付在建工程人员的部分，本期支付在建工程人员职工薪酬200 000元。应付职工薪酬的期末数中应付在建工程人员的部分为25 000元。

(5)应付利息均为短期借款利息，其中本期计提利息10 500元，支付利息10 500元。

(6)本期用现金购买固定资产1 200 000元，工程物资100 000元。

(7)本期用现金偿还短期借款250 000元，偿还一年内到期的长期借款501 000元；借入长期借款560 000元。

根据以上资料，采用分析填列的方法，编制立兴公司2010年度的现金流量表。

1. 立兴公司2010年度现金流量表各项目金额，分析确定如下：

(1)销售商品、提供劳务收到的现金=主营业务收入+应交税费(应交增值税——销项税额)+(应收账款年初余额-应收账款期末余额)+(应收票据年初余额-应收票据期末余额)-当期计提的坏账准备-票据贴现的利息+(预收账款期末余额-预收账款年初余额)=2 470 000+

207 536 +(299 100 - 598 500) +(246 000 - 46 000) - 800 - 30 000 +(350 000 - 500 000) = 2 397 336(元)。

(2)购买商品、接受劳务支付的现金 = 主营业务成本 + 应交税费(应交增值税——进项税额) -(存货年初余额 - 存货期末余额) +(应付账款年初余额 - 应付账款期末余额) +(应付票据年初余额 - 应付票据期末余额) +(预付账款期末余额 - 预付账款年初余额) - 当期列入生产成本、制造费用的职工薪酬 - 当期列入生产成本、制造费用的折旧费和固定资产修理费 = 732 000 + 165 512 -(2 580 000 - 2 574 700) +(953 800 - 603 800) +(200 000 - 100 000) +(100 000 - 100 000) - 353 800 - 90 000 = 898 412(元)。

(3)支付给职工以及为职工支付的现金 = 生产成本、制造费用、管理费用中职工薪酬 +(应付职工薪酬年初余额 - 应付职工薪酬期末余额) - [应付职工薪酬(在建工程)年初余额 - 应付职工薪酬(在建工程)期末余额] = 353 800 + 80 000 +(110 000 - 180 000) -(0 - 25 000) = 388 800(元)。

(4)支付的各项税费 = 当期所得税费用 + 营业税金及附加 + 应交税费(应交增值税——已交税金) -(应交所得税期末余额 - 应交所得税期初余额) = 212 500 + 20 000 + 100 000 -(21 376 - 0) = 311 124(元)。

(5)支付其他与经营活动有关的现金 = 其他管理费用 + 销售费用 = 23 100 + 180 000 = 203 100(元)。

(6)收回投资收到的现金 = 交易性金融资产贷方发生额 + 与交易性金融资产一起收回的投资收益 = 19 000 + 500 = 19 500(元)。

(7)取得投资收益所收到的现金 = 收到的股息收入 = 90 500(元)。

(8)处置固定资产收回的现金净额 = 300 000 +(1 800 - 300) = 301 500(元)。

(9)购建固定资产支付的现金 = 用现金购买的固定资产、工程物资 + 支付给在建工程人员的薪酬 = 1 200 000 + 100 000 + 200 000 = 1 500 000(元)。

(10)取得借款所收到的现金 = 560 000(元)。

(11)偿还债务支付的现金 = 250 000 + 501 000 = 751 000(元)。

(12)偿还利息支付的现金＝10 500(元)。

根据上述资料，编制该公司2010年度现金流量表，见表7－23。

表7－23 现金流量表

会企03表

编制单位：立兴建筑公司　　2010年度　　单位：元

项目	本期金额	上期金额
一、经营活动产生的现金流量：		略
销售商品、提供劳务收到的现金	2 379 336	
收到的税费返还	0	
收到其他与经营活动有关的现金	0	
经营活动现金流入小计	2 397 336	
购买商品、接收劳务支付的现金	898 412	
支付给职工以及为职工支付的现金	388 800	
支付的各项税费	311 124	
支付其他与经营活动有关的现金	203 100	
经营活动现金流出小计	1 801 436	
经营活动产生的现金流量净额	595 900	
二、投资活动产生的现金流量：		
收回投资收到的现金	19 500	
取得投资收益收到的现金	90 500	
处置固定资产、无形资产和其他长期资产收回的现金净额	301 500	
处置子公司及其他营业单位收到的现金净额	0	
收到其他与投资活动有关的现金	0	
投资活动现金流入小计	411 500	
购建固定资产、无形资产和其他长期资产支付的现金	1 500 000	
投资支付的现金	0	
取得子公司及其他营业单位支付的现金净额	0	
支付其他与投资活动有关的现金	0	

（续表）

项目	本期金额	上期金额
投资活动现金流出小计	1 500 000	
投资活动产生的现金流量净额	-1 088 500	
三、筹资活动产生的现金流量：		
吸收投资收到的现金	0	
取得借款收到的现金	560 000	
收到其他与筹资活动有关的现金	0	
筹资活动现金流入小计	560 000	
偿还债务支付的现金	751 000	
分配股利、利润或偿付利息支付的现金	10 500	
支付其他与筹资活动有关的现金	0	
筹资活动现金流出小计	761 500	
筹资活动产生的现金流量净额	-201 500	
四、汇率变动对现金及现金等价物的影响	0	
五、现金及现金等价物净增加额	-694 100	
加：期初现金及现金等价物余额	1 406 300	
六、期末现金及现金等价物余额	712 200	

第五节　所有者权益变动表的阅读与编制

一、所有者权益变动表的内容及结构

所有者权益变动表的内容及结构见表7-24。

表 7－24　所有者权益变动表的内容及结构

所有者权益变动表	反映构成所有者权益各组成部分当期增减变动情况的报表
结构	当期损益、直接计入所有者权益的利得和损失，以及因所有者的资本交易导致的所有者权益的变动分别列示
单独列示反映的信息项目	净利润；直接所有者权益的利得和损失项目及其总额；会计政策变更和差错更正的累积影响金额；所有者投入资本和向所有者分配利润等；提取的盈余公积；实收资本或股本、资本公积、盈余公积、未分配利润的期初和期末余额及其调节情况

二、所有者权益变动表的填列方法

（1）“上年年末余额”项目，反映企业上年资产负债表中实收资本（或股本）、资本公积、库存股、盈余公积、未分配利润的年末余额。

（2）“会计政策变更”、“前期差错更正”项目，分别反映企业采用追溯调整法处理的会计政策变更的累积影响金额和采用追溯重述法处理的会计差错更正的累积影响金额。

（3）“本年增减变动额”项目，见表 7－25。

表 7－25　“本年增减变动额”项目

项目	反映内容	备注
净利润	反映企业当年实现的净利润（或净亏损）金额	
直接计入所有者权益的利得和损失	反映企业当年直接所有者权益的利得和损失金额	“可供出售金融资产公允价值变动净额”：反映企业持有的可供出售金融资产当年公允价值变动的金额
		“权益法下被投资单位其他所有者权益变动的影响”：反映企业对按照权益法核算的长期股权投资，在被投资单位除当年实现的净损益以外其他所有者权益当年变动中应享有的份额
		“与所有者权益项目相关的所得税影响”：反映企业根据《企业会计准则第 18 号——所得税》规定应所有者权益项目的当年所得税影响金额

（续表）

项目	反映内容	备注
所有者投入和减少资本	反映企业当年所有者投入的资本和减少的资本	“所有者投入资本”：反映企业接受投资者投入形成的实收资本（或股本）和资本溢价或股本溢价
		“股份支付所有者权益的金额”：反映企业处于等待期中的权益结算的股份支付当年资本公积的金额
利润分配	反映企业当年的利润分配金额	“提取盈余公积”：反映企业按照规定提取的盈余公积
		“对所有者（或股东）的分配”：反映对所有者（或股东）分配的利润（或股利）金额
所有者权益内部结转	反映企业构成所有者权益的组成部分之间的增减变动情况	“资本公积转增资本（或股本）”：反映企业以资本公积转增资本或股本的金额
		“盈余公积转增资本（或股本）”：反映企业以盈余公积转增资本或股本的金额
		“盈余公积弥补亏损”：反映企业以盈余公积弥补亏损的金额

三、所有者权益变动表编制示例

【例7-4】 沿用【例7-1】、【例7-2】和【例7-3】的资料，立兴建筑公司其他相关资料为：提取盈余公积66 621.10元，向投资者分配现金股利1 210 441.75元。

根据上述资料，立兴建筑公司编制2010年度的所有者权益变动表，见表7-26。

表 7-26 所有者权益变动表

会企 04 表　　编制单位：　　2010 年度　　单位：元

项目	本年金额						上年金额					
	实收资本（或股本）	资本公积	减：库存股	盈余公积	未分配利润	所有者权益合计	实收资本（或股本）	资本公积	减：库存股	盈余公积	未分配利润	所有者权益合计
一、上年年末余额	5 000 000	0	0	100 000	50 000	5 150 000						
加：会计政策变更												
前期差错更正												
二、本年年初余额	5 000 000	0	0	100 000	50 000	5 150 000						
三、本年增减变动金额（减少以“－”号填列）												
（一）净利润					1 335 100	1 335 100						
（二）直接计入所有者权益的利得和损失												
1. 可供出售金融资产公允价值变动净额												

（续表）

项目	本年金额						上年金额					
	实收资本（或股本）	资本公积	减：库存股	盈余公积	未分配利润	所有者权益合计	实收资本（或股本）	资本公积	减：库存股	盈余公积	未分配利润	所有者权益合计
2. 权益法下被投资单位其他所有者权益变动的影响												
3. 与计入所有者权益项目相关的所得税影响												
4. 其他												
上述（一）和（二）小计												
（三）所有者投入和减少资本												
1. 所有者投入资本												
2 股份支付计入所有者权益的金额												
3. 其他												

（续表）

项目	本年金额						上年金额					
	实收资本（或股本）	资本公积	减：库存股	盈余公积	未分配利润	所有者权益合计	实收资本（或股本）	资本公积	减：库存股	盈余公积	未分配利润	所有者权益合计
（四）利润分配												
1. 提取盈余公积				66 621.10	−66 621.10	0						
2. 对所有者（或股东）的分配					−1 210 441.75	−1 210 441.75						
3. 其他												
（五）所有者权益内部结转												
1. 资本公积转增资本（或股本）												
2. 盈余公积转增资本（或股本）												
3. 盈余公积弥补亏损												
4. 其他												
四、本年年末余额	5 000 000	0	0	166 621.10	108 037.15	5 274 658.25						

第六节 一般企业报表附注的阅读与编制

财务报表附注是为了便于财务报表使用者理解财务报表的内容而对财务报表的编制基础、编制依据、编制原则和方法及主要项目等所作的解释。

它是对财务报表的补充说明，是财务会计报告体系的重要组成部分。随着经济环境的复杂化以及人们对相关信息要求的提高，附注在整个报告体系中的地位日益突出。

按照我国相关会计法规的规定，企业的年度会计报表附注至少应披露如下内容：

(1)企业的基本情况。

① 企业注册地、组织形式和总部地址。

② 企业的业务性质和主要经营活动。

③ 母公司以及集团最终母公司的名称。

④ 财务报告的批准报出者和财务报告批准报出日。

(2)财务报表的编制基础。

(3)遵循企业会计准则的声明。

企业应当声明编制的财务报表符合企业会计准则的要求，真实、完整地反映了企业的财务状况、经营成果和现金流量等有关信息。

(4)重要会计政策和会计估计。

企业应当披露采用的重要会计政策和会计估计，不重要的会计政策和会计估计可以不披露。在披露重要会计政策和会计估计时，应当披露重要会计政策的确定依据和财务报表项目的计量基础，以及会计估计中所采用的关键假设和不确定因素。

(5)会计政策和会计估计变更以及差错更正的说明。

企业应当按照《企业会计准则第 28 号——会计政策、会计估计变更和差错更正》及其应用指南的规定，披露会计政策和会计估计变更以及差错更正的有关情况。

(6)报表重要项目的说明。

企业对报表重要项目的说明，应当按照资产负债表、利润表、现金流量表、所有者权益变动表及其项目列示的顺序，采用文字和数字描述相结合的方式进行披露。报表重要项目的明细金额合计，应当与报表项目金额相衔接。